JN108716

簿記が基礎からわかる本

中級レベルまで

第**4**版

清村 英之 著

Kiyomura Hideyuki

同文舘出版

第4版　まえがき

2021年3月，日本商工会議所から「企業会計基準第29号『収益認識に関する会計基準』等の適用にともなう商工会議所簿記検定試験出題区分表などの改定について」が公表された（同年12月には確定版を公表）。新しい区分表に基づく出題は，2022年度試験から行われている。

第4版では，この出題区分表改定に合わせ，主に第5章「商品売買」と第15章「商品売買（2）」を書き換えた。収益の認識基準，一時点で充足される履行義務，一定の期間にわたり充足される履行義務，複数の履行義務を含む顧客との契約，変動対価，契約資産と契約負債が，今回，新たに加わった内容である。さらに，練習問題の入替え・追加を行い，その解説を充実させた。

第4版の出版に際しても，同文舘出版株式会社の青柳裕之氏には校正作業等において行き届いたご協力をいただいた。厚く御礼を申し上げたい。

2022年6月

清村　英之

＊筆者のHP（http://www.okiu.ac.jp/gakubu/sangyojoho/teacher/hkiyomura）で，練習問題の解答用紙をダウンロードできます。ご利用ください。

まえがき

　本書は大学・短期大学における簿記のテキストとして，また，各種の簿記検定試験の参考書として利用されることを意図している。その特徴は，日本商工会議所主催の簿記検定試験（以下，日商簿記検定試験）の３級と２級（商業簿記）の出題範囲をすべてカバーしていることである。しかも，第１編の「簿記の基礎」で簿記の仕組みを理解し，第２編「初級簿記」で日商簿記検定試験の３級の範囲を，第３編「中級簿記」で２級の範囲を学習できるように構成されているので，３級または２級の受験者が，資格取得に向けて，どこまで学習すればよいのか一目瞭然である。

　本書の構成は，次のとおりである。基礎的内容から応用的内容まで，段階的に学べるように著されている。

　第１編の「簿記の基礎」では，簿記を初めて学ぶ人々を対象に，簿記の意義とその基本的な仕組みを明らかにし，取引の認識・記録（仕訳）から財務諸表（貸借対照表・損益計算書）の作成に至る一連の手続を説明している。

　第２編の「初級簿記」では，現金・預金，商品売買，売掛金・買掛金，手形，有価証券，固定資産などの簿記処理について，また，決算と財務諸表の作成手続について，数多くの設例を用いて具体的に説明している。

　第３編の「中級簿記」では，銀行勘定調整表，特殊商品売買，無形固定資産などの簿記処理と，株式会社固有の会計処理について，さらに，本支店会計，帳簿組織，伝票会計について，数多くの設例を用いて具体的に説明している。

　上述のように，本書は，その内容を日商簿記検定試験の３級と２級（商業簿記）の範囲に限定したため，同一取引について複数の処理方法が認められている場合であっても，そのうちの１つの方法しか説明していない箇所がある。より上級の学習をする際には，優れたテキストが数多く刊行されているので，それらを参照してほしい。

　昔からよくいわれてきたように，簿記はテキストを読んで分かるだけでは不

十分である。実際に問題が解けるようにならなければ，理解したとはいえない。そのような趣旨から，本書には100問以上の練習問題が収録されている。これらを繰り返し解くことで，本当の実力を身に付けてもらいたい。

　本書の出版に際しては，同文舘出版株式会社編集局専門書編集部の青柳裕之氏に格別のご配慮をいただき，また，同編集部の角田貴信氏には校正作業において行き届いたご協力をいただいた。厚く御礼を申し上げたい。

　なお，本書の刊行に当たり，沖縄国際大学から「研究成果刊行奨励費」の交付を受けた。ここに記して謝意を示したい。

　　2011年 8 月

清村　英之

目　　　次

第1編　簿記の基礎

第2編　初級簿記

第3編　中級簿記

第1編

簿記の基礎

第1編「簿記の基礎」　学習の進め方

　第1編「簿記の基礎」は，そのタイトルのとおり，簿記をこれから学ぶに当たって，基礎（＝大もと）となる部分である。簿記をマスターできるかどうかは，本編の第2章と第3章の学習にかかっているので，十分に時間をかけて学習してほしい。初めて出会う用語が多く，また，理解するというよりも，覚えなければならないことも多く苦労するだろう。しかし，挫けずに学習を進めていけば，必ず理解できるときがくる。

　第2章「簿記の基礎概念」では，企業の経営活動を資産・負債・純資産・収益・費用の5つの要素に分けて，記録・計算・整理することを学ぶ。次のように学習を進めるとよいだろう。

　① 用語の意味（例えば，「資産とは何か」）を理解する。

　② その種類（例えば，「資産にはどのようなものがあるか」）を覚える。

　③ 貸借対照表と損益計算書の意味・形式，作成方法を理解する。

　第3章「簿記一巡の手続」では，取引の認識・記録（仕訳）から総勘定元帳への転記，試算表・貸借対照表・損益計算書の作成までを学ぶ。下記の図を頭の中でイメージし，それぞれの手順を1つずつ確認しながら学習してほしい。

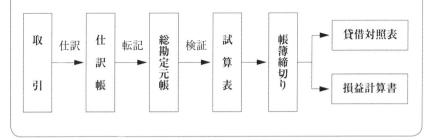

第1章

簿記の意義

1 簿記の意義・目的

(1) 簿記の意義

簿記という用語は，帳簿記入または帳簿記録の略称であるといわれている。
つまり，簿記とは「特定の経済主体の経済活動（企業の経営活動）を帳簿に記
録し，計算・整理する技術」をいう。

（注）後述するように，簿記は企業簿記と非企業簿記に分類されるが，本書では企
業簿記を取り扱う。

(2) 簿記の目的

企業の経営活動を記録し，計算・整理することによって，次のような目的を
達成することができる。

① 企業活動についての**歴史的・秩序的記録**を整えること。

② 企業の**財政状態**を明らかにすること。

③ 企業の**経営成績**を明らかにすること。

企業活動の歴史的・秩序的記録は，企業の財産管理には欠かせないものであ
る。また，財政状態と経営成績は企業経営者が経営方針を立案するとき，投資
家が投資機会を判断するとき，さらに，金融機関が融資を検討するときに重要
な指針となる。このように，簿記は企業財産の管理のために必要な資料を提供
するという機能に加え，経営者や，投資家・金融機関などの利害関係者の意思
決定に当たり，有用な情報を提供するという機能を果たしている。

2　簿記の前提

(1) 会計単位

簿記が記録・計算・整理する対象（範囲）を**会計単位**といい，簿記は企業の経営活動をその対象とする。個人企業の場合，企業活動と事業主の経済活動との区分が曖昧になりがちであるが，簿記ではこれを明確に分離して，企業の経営活動のみを記録の対象とする。

(2) 貨幣評価

企業の経営活動を記録・計算・整理するためには，何らかの計算尺度が必要である。簿記では**貨幣額**を計算尺度として用いている。したがって，貨幣額に換算できないものは，たとえそれが企業活動に役立つもの（例えば，経営者の手腕や従業員の技能など）であっても，簿記の対象とはならない。

(3) 会計期間

今日の企業は，その経営活動を反復的・継続的に営んでいる。そのため，人為的に一定の計算期間を設け，その期間を単位として企業活動を記録・計算・整理することが必要になる。このような人為的に区切られた期間を**会計期間**といい，一会計期間の初めを**期首**，終わりを**期末**と呼ぶ。

3　簿記の種類

(1) 複式簿記・単式簿記

簿記はその記録方法から，複式簿記と単式簿記に大別される。**複式簿記**とは，特定の経済主体の経済活動を一定のルール（取引を原因と結果の面から二面的に捉え，例外なく二面的記録を行う）に従って記録する簿記である。二面的記録（複式記入）を行うことから複式簿記と呼ばれている。また，家計簿や小遣

い帳のように，現金の収入や支出など，経済活動の一部を特別のルールによらないで記録する簿記を**単式簿記**という。

(2) 企業簿記・非企業簿記

　簿記はそれを行う経済主体により，企業簿記と非企業簿記に区分される。**企業簿記**とは営利を追求する企業で適用される簿記であり，営利を追求しない経済主体で適用される簿記を**非企業簿記**という。非企業簿記には家計簿記，学校法人簿記，公益法人簿記，官庁簿記などがある。

(3) 商業簿記・工業簿記

　企業簿記はそれが適用される業種によって，商業簿記，工業簿記などに分類される。**商業簿記**とは商品販売業やサービス業で適用される簿記であり，製造業で適用される簿記を**工業簿記**という。また，その他にも金融業で適用される銀行簿記や，農業で適用される農業簿記などがある。

第2章

簿記の基礎概念

1 資産・負債・純資産と貸借対照表

(1) 資産・負債・純資産

　企業が経営活動を行うために保有している財貨（金銭・物品）や，債権（後日，金銭を受け取る権利）を**資産**という。

現　　　　金	硬貨，紙幣など
普 通 預 金	いつでも自由に預入れ・引出しができる預金
売 　掛 　金	代金後払いの約束で商品を販売した場合などに生ずる債権
貸 　付 　金	得意先などへ現金を貸し付けた際に生ずる債権
備　　　　品	机・椅子，パソコン，コピー機など
車両運搬具	オートバイ，自動車などの車両
建　　　　物	店舗，事務所，工場など
土　　　　地	店舗，事務所，工場などの敷地

　これに対して，企業の経営活動によって生じた債務（後日，金銭を支払わなければならない義務）を**負債**と呼ぶ。

買 　掛 　金	代金後払いの約束で商品を購入した場合などに生ずる債務
未 　払 　金	代金後払いの約束で備品などを購入した場合に生ずる債務
借 　入 　金	銀行などから現金を借り入れた際に生ずる債務

　資産から負債を差し引いた差額を**純資産（資本）**という。

資 　本 　金	株主が出資した金額
繰越利益剰余金	経営活動によって獲得した利益の留保額

　資産・負債・純資産の関係を算式で示すと，

資産－負債＝純資産

となり，これを**純資産等式**という。

(2) 貸借対照表

　一定時点における資産・負債・純資産の状態を**財政状態**といい，財政状態を明らかにする計算書を**貸借対照表**という。

貸借対照表

資　　　産	負　　　債
	純　資　産

　貸借対照表の左側には資産を，右側には負債と純資産を記載する。左側に記載された資産と，右側に記載された負債と純資産の合計額は常に等しい。この関係を算式で示すと，

資産＝負債＋純資産

となり，これを**貸借対照表等式**という。貸借対照表等式は先に示した純資産等式の負債を右辺に移項したものである。

(3) 当期純利益の計算

　企業の経営活動によって，資産・負債・純資産は絶えず増減している。その結果，期末純資産が期首純資産よりも大きくなった場合，その差額を**当期純利益**といい，逆の場合は，その差額を**当期純損失**と呼ぶ（両者をまとめて当期純損益という）。これを算式で示すと，

期末純資産－期首純資産＝当期純利益（期末純資産＞期首純資産の場合）

となり，この算式の期首純資産を右辺に移項すれば，

期末純資産＝期首純資産＋当期純利益

となる。これを期末の貸借対照表等式である

期末資産＝期末負債＋期末純資産

に代入すると，

期末資産＝期末負債＋期首純資産＋当期純利益

となる。この算式に基づいて，期末の貸借対照表を作成する（貸借対照表では，当期純利益は繰越利益剰余金として表示される）。

問題1　次の資料に基づき，阿野運送の期首貸借対照表と期末貸借対照表を作成しなさい。

〔**資料1**〕　期首（X1年4月1日）の資産・負債・純資産

現金　1,000,000円，普通預金　500,000円，備品　500,000円

車両運搬具　2,000,000円，借入金　1,000,000円，資本金　各自算定

〔**資料2**〕　期末（X2年3月31日）の資産・負債・純資産

現金　1,200,000円，普通預金　600,000円，備品　700,000円

車両運搬具　2,000,000円，未払金　200,000円，借入金　800,000円

資本金　各自算定，繰越利益剰余金　各自算定

解　答

貸借対照表

阿野運送	X1年4月1日		（単位：円）
資　　　　産	金　額	負債・純資産	金　額
現　　　　金	1,000,000	借　入　金	1,000,000
普　通　預　金	500,000	資　本　金	3,000,000
備　　　品	500,000		
車　両　運　搬　具	2,000,000		
	4,000,000		4,000,000

貸借対照表

阿野運送　　　　　　　　　　　X2年 3 月31日　　　　　　　　　（単位：円）

資　　産	金　額	負債・純資産	金　額
現　　　　金	1,200,000	未　払　金	200,000
普　通　預　金	600,000	借　入　金	800,000
備　　　品	700,000	資　本　金	3,000,000
車　両　運　搬　具	2,000,000	繰越利益剰余金	500,000
	4,500,000		4,500,000

解　説

　貸借対照表には，まず，企業名と作成年月日を記載する。次に，資産・負債・純資産の項目名と金額を記入する。記入を終えたら，左側（資産）と右側（負債・純資産）の合計額をそれぞれ最後の行に書き入れる。その際，余白ができてもかなわないので（期首貸借対照表を参照。項目欄の余白に斜線を引く），合計額を左右同じ行に記入し，合計額の上に合計線（一本線），合計額の下に締切線（二本線）を引く。

2　収益・費用と損益計算書

(1) 収益・費用

　企業の経営活動によって獲得した経済価値で，純資産の増加をもたらすものを**収益**という。

売　　　　上	商品の売上高，サービスの提供高
受取手数料	取引の仲介などにより受け取った手数料
受 取 利 息	預金，貸付金の利息

　これに対して，収益を得るため，企業の経営活動において消費した経済価値で，純資産の減少をもたらすものを**費用**と呼ぶ。

給　　　料	従業員などに支払う給料
広告宣伝費	新聞，雑誌，テレビ，ラジオの広告料
旅費交通費	電車代，バス代，タクシー代など
通　信　費	切手代，葉書代，電話代，インターネット接続料など
支払家賃	店舗，事務所などの賃借料
水道光熱費	水道料，電気料，ガス代など
支払保険料	火災保険，盗難保険などの保険料
支払手数料	取引の仲介者に支払う手数料，銀行の振込手数料など
支払利息	借入金の利息

　当期純利益（または当期純損失）は，収益から費用を差し引くことによって求めることができる。これを算式で示せば，以下のとおりである。

　　収益 − 費用 = 当期純利益（または当期純損失）

(2) 損益計算書

　一定期間の収益・費用と，その差額である当期純利益（または当期純損失）を**経営成績**といい，経営成績を明らかにする計算書を**損益計算書**という。

（費用＜収益の場合）　　　　　（費用＞収益の場合）

　損益計算書の左側には費用を，右側には収益を記載する。そして，収益が費用よりも多ければ左側に当期純利益を，逆に，費用が収益よりも多ければ右側に当期純損失を記入する。この関係を算式で示すと，

　　費用 + 当期純利益 = 収益（収益＞費用の場合）

となり，これを**損益計算書等式**という。損益計算書等式は上に示した当期純利益を求める算式を変形したものである。

問題2　次の資料に基づき，阿野運送の損益計算書と期末貸借対照表を作成しなさい。

〔**資料1**〕期首（X2年4月1日）の資産・負債・純資産

　9頁の期末（X2年3月31日）貸借対照表を参照。

〔**資料2**〕当期中の収益・費用

　運送収益　2,000,000円，受取手数料　400,000円，給料　900,000円

　燃料費　400,000円，支払家賃　290,000円，支払利息　10,000円

〔**資料3**〕期末（X3年3月31日）の資産・負債・純資産

　現金　1,500,000円，普通預金　800,000円，備品　700,000円

　車両運搬具　2,000,000円，未払金　100,000円，借入金　600,000円

　資本金　各自算定，繰越利益剰余金　各自算定

［解　答］

損益計算書

阿野運送　　　　　X2年4月1日からX3年3月31日まで　　　　（単位：円）

費　　用	金　額	収　　益	金　額
給　　　料	900,000	運　送　収　益	2,000,000
燃　料　費	400,000	受　取　手　数　料	400,000
支　払　家　賃	290,000		
支　払　利　息	10,000		
当　期　純　利　益	800,000		
	2,400,000		2,400,000

貸借対照表

阿野運送　　　　　　　　　X3年3月31日　　　　　　　　（単位：円）

資　　産	金　額	負債・純資産	金　額
現　　　金	1,500,000	未　払　金	100,000
普　通　預　金	800,000	借　入　金	600,000
備　　　品	700,000	資　本　金	3,000,000
車　両　運　搬　具	2,000,000	繰越利益剰余金	1,300,000
	5,000,000		5,000,000

解 説

　損益計算書には，まず，企業名と会計期間を記載する。次に，費用・収益の項目名と金額を，また，その差額である当期純利益（または当期純損失）を記入する。左側（費用・当期純利益）と右側（収益）の合計額の記入方法は，貸借対照表と同じである。

　期末の繰越利益剰余金

　＝期首の繰越利益剰余金＋当期純利益＝500,000円＋800,000円＝1,300,000円

(3) 貸借対照表と損益計算書の関係

　当期純利益は，貸借対照表では

　　期末純資産－期首純資産＝当期純利益

として，また，損益計算書では

　　収益－費用＝当期純利益

として計算される。前者を**財産法**による利益の計算，後者を**損益法**による利益の計算という。つまり，利益が貸借対照表と損益計算書で同時に計算され，その結果を照合することによって，計算の正確性を検証することができる。

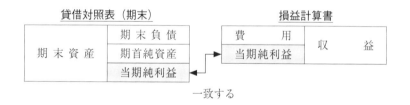

一致する

3　取　　引

(1) 簿記上の取引

　企業の経営活動は多岐にわたるが，簿記は企業活動のすべてを記録するのではなく，企業活動のうち，**簿記上の取引**のみを記録の対象とする。

　一般に，取引は「商人間の売買行為」や「営利のための経済行為」を意味す

るが，簿記上では「資産・負債・純資産のいずれかに増加または減少を及ぼす事象」を指す。収益・費用の発生または消滅も，純資産の増減を引き起こすことになるので取引に該当する。例えば，火災や盗難による損失は，一般的な意味での取引には含まれないが，火災・盗難によって資産が減少するので，簿記上の取引に相当する。これに対して，売買契約や不動産の賃貸借契約の締結は，一般的な意味での取引に相当するが，契約締結によって資産・負債・純資産は増加しないし，また，減少もしないので，簿記上の取引には含めない。実際に代金を支払った（受け取った）とき，または支払う義務（受け取る権利）が生じたときに，取引が発生したものとして処理する。

(2) 取引の二面性

　簿記上の取引は，すべて原因と結果の関係に分解できる。「20万円のパソコンを購入し，代金は現金で支払った」という取引を想定しよう。パソコンの購入によって，パソコン（備品）は増加する。しかし，その一方で，代金を現金で支払うので，現金は減少する。つまり，この取引は備品の増加という原因と，現金の減少という結果に分解できる。これを**取引の二面性**という。

　複式簿記の特徴は，取引を原因と結果の面から二面的に記録することにある。したがって，取引の分解は簿記の手続の中で，もっとも重要な作業となる。

問題3　次の取引を分解しなさい。

① 株主から現金1,000,000円の出資を受け，運送業を開業した。

② 銀行から現金500,000円を借り入れた。

③ 営業用車両1台1,200,000円を買い入れ，代金は現金で支払った。

④ 荷物の運送代金50,000円を現金で受け取った。

⑤ 給料150,000円を現金で支払った。

⑥ 銀行からの借入金のうち，100,000円を現金で返済した。

解　答

① 現　金　（資産）　の増加◆───▶資本金（純資産）の増加

② 現 金 （資 産） の 増 加 ←→ 借入金（負債）の増加

③ 車両運搬具（資産）の増加 ←→ 現 金 （資 産） の 減 少

④ 現 金 （資 産） の 増 加 ←→ 運送収益（収益）の発生

⑤ 給 料 （費 用） の 発 生 ←→ 現 金 （資 産） の 減 少

⑥ 借入金（負債）の減少 ←→ 現 金 （資 産） の 減 少

4　勘　　　定

(1) 勘定・勘定科目

　取引が発生すると，これを一定の約束に従って記録しなければならないが，一口に資産といってもその種類や性質は異なり，これを一括して処理するのは妥当ではない。そこで，記録のための区分（単位）を設けなければならず，この区分を**勘定**といい，勘定に付けられた科目名を**勘定科目**と呼ぶ。例えば，机や椅子，パソコンなどを記録するために1つの区分を設定する場合，この区分を勘定といい，これに備品という名称，つまり，勘定科目が付けられる。

(2) 勘定口座

　勘定ごとに，それぞれの増減を記録するために設けられた帳簿上の場所を**勘定口座**という。

勘定口座

勘定科目	
借　方	貸　方

　勘定口座はアルファベットの「T」の字に似ているので，通常，T勘定と呼ばれる。そして，「T」の字の「｜」を境として，勘定口座を左右に区分し，増加（発生）と減少（消滅）をそれぞれ別々に記入する。複式簿記の特徴である二面的な記入に，もっとも適った形式が採られているのである。

　勘定口座の左側を**借方**，右側を**貸方**という。借方・貸方という用語は歴史的にはそれなりの意味があったが，現在では単に左側・右側を示す簿記上の呼び方に過ぎない。なお，借方・貸方は勘定口座だけではなく，貸借対照表や損益計算書などの計算書にも用いられる。

第3章

簿記一巡の手続

1　簿記一巡の手続

　簿記上の取引が発生すると，まず，それを一定の約束に従って仕訳帳に記入する。これを仕訳といい，仕訳帳は取引を発生した日付順に記録する，いわば企業の日記帳である。次に，総勘定元帳に用意された勘定口座へ，仕訳帳の記録を記入し直す。つまり，勘定別に金額を集計する。これを転記という。そして，ここまでの記録に間違いがなかったかどうかを確認するため，試算表を作成して検証する。試算表を作成し，記録の正確性が確認できたら，帳簿を締め切り，損益計算書と貸借対照表を作成する。以上の手続を**簿記一巡の手続**という。

2　仕　　訳

　取引が発生したら，これを分解し，その結果を日付順に記録する手続を**仕訳**という。取引を勘定口座へ直接記入すると，間違いや記入もれが生ずるおそれがあるし，また，後でその内容を知るのに不便なので，歴史的記録を作るのである。

　仕訳は，次の手順で行う。まず，取引を原因と結果に分解し，記入すべき勘定科目とその金額を確定する。そして，借方に記入すべきか，または貸方に記入すべきかを決定する。その際，**増加（発生）は同じ側**に，また，**減少（消滅）は反対側**に記入すればよい。ここで，同じ側・反対側は，貸借対照表等式と損益計算書等式を基準とする。つまり，「資産＝負債＋純資産」と「費用＋当期

純利益＝収益」の等式の「＝」を境として，左側にある資産・費用は借方，右側にある負債・純資産・収益は貸方を基準とする。したがって，借方を基準とする資産が増加した場合，増加は同じ側だから，借方に記入する。逆に，資産が減少した場合，減少は反対側だから，貸方に記入する。これをまとめたのが，以下に示す仕訳のルールである。

借方記入	貸方記入
資 産 の 増 加	資 産 の 減 少
負 債 の 減 少	負 債 の 増 加
純資産の減少	純資産の増加
費 用 の 発 生	費 用 の 消 滅
収 益 の 消 滅	収 益 の 発 生

先の「20万円のパソコンを購入し，代金は現金で支払った」という取引は，備品の増加という原因と，現金の減少という結果に分解された。備品は資産だから基準は借方であり，増加したので同じ側，つまり，借方に記入する。また，現金も資産だから基準は借方であるが，減少したので反対側，つまり，貸方に記入する。これを仕訳の形式に直せば，次のようになる。

（借）備 品	200,000	（貸）現 金	200,000

問題1 次の取引を仕訳しなさい。

① 株主から現金1,000,000円の出資を受け，運送業を開業した。

② 銀行から現金500,000円を借り入れた。

③ 営業用車両１台1,200,000円を買い入れ，代金は現金で支払った。

④ 荷物の運送代金50,000円を現金で受け取った。

⑤ 給料150,000円を現金で支払った。

⑥ 銀行からの借入金のうち，100,000円を現金で返済した。

解　答

①	（借）現	金	1,000,000	（貸）資	本	金	1,000,000
②	（借）現	金	500,000	（貸）借	入	金	500,000
③	（借）車 両 運 搬 具		1,200,000	（貸）現		金	1,200,000
④	（借）現	金	50,000	（貸）運 送 収 益			50,000
⑤	（借）給	料	150,000	（貸）現		金	150,000
⑥	（借）借 入 金		100,000	（貸）現		金	100,000

解　説

① 現金（資産／借方）の増加→同じ側→借方に記入

　　資本金（純資産／貸方）の増加→同じ側→貸方に記入

② 現金（資産／借方）の増加→同じ側→借方に記入

　　借入金（負債／貸方）の増加→同じ側→貸方に記入

③ 車両運搬具（資産／借方）の増加→同じ側→借方に記入

　　現金（資産／借方）の減少→反対側→貸方に記入

④ 現金（資産／借方）の増加→同じ側→借方に記入

　　運送収益（収益／貸方）の発生→同じ側→貸方に記入

⑤ 給料（費用／借方）の発生→同じ側→借方に記入

　　現金（資産／借方）の減少→反対側→貸方に記入

⑥ 借入金（負債／貸方）の減少→反対側→借方に記入

　　現金（資産／借方）の減少→反対側→貸方に記入

3　転　　記

　発生した取引を仕訳帳に仕訳したら，次に，これを総勘定元帳の各勘定口座へ書き移し，勘定別に金額を集計する。この手続を**転記**という。転記することによって，各勘定の増加額と減少額が明らかになる。

　転記は**仕訳した側と同じ側に記入**するという，単純で機械的な作業である。

つまり，借方に仕訳したものはその勘定口座の借方に記入し，貸方に仕訳したものはその勘定口座の貸方に記入すればよい。その際，仕訳の相手勘定科目もあわせて記入する。勘定記録から取引内容を知ることができるようにするのである。相手勘定が複数ある場合は「諸口」と記入する。

例えば，「4月1日に20万円のパソコンを購入し，代金は現金で支払った」という取引は，次のように仕訳・転記される。

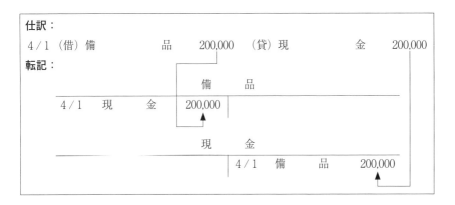

問題2 次の仕訳を転記しなさい。

4/1	(借)現 金	1,000,000	(貸)資 本 金	1,000,000
5	(借)現 金	500,000	(貸)借 入 金	500,000
10	(借)車 両 運 搬 具	1,200,000	(貸)現 金	1,200,000
15	(借)現 金	50,000	(貸)運 送 収 益	50,000
20	(借)給 料	150,000	(貸)現 金	150,000
25	(借)借 入 金	100,000	(貸)現 金	100,000

解 答

			現　金				1
4/1	資 本 金	1,000,000	4/10	車両運搬具	1,200,000
5	借 入 金	500,000	20	給 料	150,000
15	運 送 収 益	50,000	25	借 入 金	100,000

			車両運搬具					2
4/10	現	金	1,200,000					

			借 入 金					3
4/25	現	金	100,000	4/5	現	金	500,000	

			資 本 金					4
				4/1	現	金	1,000,000	

			運 送 収 益					5
				4/15	現	金	50,000	

			給 料					6
4/20	現	金	150,000					

4　仕訳帳・総勘定元帳

(1) 仕訳帳

	仕　訳　帳				1
日付	摘　　　要	元丁	借　方	貸　方	
①	②	③	④	⑤	

仕訳帳の記入方法は，以下のとおりである。

① 日付欄：取引が発生した月日を記入する。

② 摘要欄：1）左側に借方勘定科目を，右側に貸方勘定科目を記入する。
　　　　　　　勘定科目には「（　）」を付け，通常，借方勘定科目を上に，
　　　　　　　貸方勘定科目は1行下げて記入する。

　　　　　　2）借方または貸方勘定科目が複数ある場合は，勘定科目の上
　　　　　　　に「諸口」と記入する。

　　　　　3）勘定科目を記入したら，取引の内容を要約して記入する。

　　　　　4）仕切線を引き，次の取引と区別する。

③ 元丁欄：総勘定元帳の口座番号（または頁数）を記入する。

④ 借方欄：借方金額を借方勘定科目と同じ行に記入する。

⑤ 貸方欄：貸方金額を貸方勘定科目と同じ行に記入する。

(2) 総勘定元帳

1）標準式

総勘定元帳

現　　金　　　　　　　　　　　　1

日付	摘　要	仕丁	借　方	日付	摘　要	仕丁	貸　方
①	②	③	④	①	②	③	⑤

総勘定元帳（標準式）の記入方法は，以下のとおりである。

① 日付欄：取引が発生した月日を記入する。

② 摘要欄：仕訳の相手勘定科目を記入する。相手勘定科目が複数ある場合
　　　　　は「諸口」と記入する。

③ 仕丁欄：仕訳帳の頁数を記入する。

④ 借方欄：金額を記入する。

⑤ 貸方欄：金額を記入する。

2）残高式

総勘定元帳

現　　金　　　　　　　　　　　　1

日付	摘　　要	仕丁	借　方	貸　方	借/貸	残　高
①	②	③	④	⑤	⑥	⑦

総勘定元帳（残高式）の記入方法は，以下のとおりである。

① 日 付 欄：取引が発生した月日を記入する。

② 摘　要　欄：仕訳の相手勘定科目を記入する。

③ 仕　丁　欄：仕訳帳の頁数を記入する。

④ 借　方　欄：金額を記入する。

⑤ 貸　方　欄：金額を記入する。

⑥ 借／貸欄：借方残高の場合は「借」，貸方残高の場合は「貸」と記入する。

⑦ 残　高　欄：勘定の残高（借方金額と貸方金額との差額）を記入する。

問題3 4月1日に営業用車両1台1,500,000円を買い入れ，代金のうち500,000円を現金で支払い，残額は月末に支払うことにした。この取引を仕訳帳に仕訳し，総勘定元帳（標準式）に転記しなさい。

解　答

仕　訳　帳　　　　　　1

日付		摘　　　　　要	元丁	借　方	貸　方
4	1	（車両運搬具）　　諸　　口	5	1,500,000	
		（現　　　金）	1		500,000
		（未　払　金）	14		1,000,000
		営業用車両を購入			

総勘定元帳

現　　金　　　　　　1

日付	摘　要	仕丁	借　方	日付	摘　要	仕丁	貸　方
				4　1	車両運搬具	1	500,000

車両運搬具　　　　　　5

日付	摘　要	仕丁	借　方	日付	摘　要	仕丁	貸　方
4　1	諸　　口	1	1,500,000				

	未 払 金						14
日付	摘　要	仕丁	借　方	日付	摘　要	仕丁	貸　方
				4｜1	車両運搬具	1	1,000,000

5　試　算　表

(1) 試算表の作成

　1つの取引を仕訳するとき，借方に記入する金額と貸方に記入する金額は等しい。転記はこれを該当する勘定口座へ書き移すだけだから，ある勘定の借方に転記される金額と，他の勘定の貸方に転記される金額も等しい。したがって，すべての勘定口座の借方記入額の合計と貸方記入額の合計も等しいはずである。これを**貸借平均の原理**といい，この原理を用いて記録の正確性を検証するために作成される計算書を**試算表**という。

(2) 試算表の種類

　試算表はその集計内容によって，合計試算表，残高試算表，合計残高試算表の3つに分類される。**合計試算表**とは各勘定の借方合計と貸方合計を集計して作成する試算表で，各勘定の借方残高と貸方残高を集計して作成する試算表を**残高試算表**という。また，合計試算表と残高試算表を1つの計算書にまとめた試算表を**合計残高試算表**という。

(3) 試算表の作成手順

　合計残高試算表の作成手順は，以下のとおりである。
① 各勘定の借方・貸方合計を求める。
② 各勘定の残高（借方合計と貸方合計との差額）を求める。
③ 各勘定の借方・貸方合計と残高を試算表に書き移す。元丁欄には総勘定
　　元帳の口座番号（または頁数）を記入する。
④ 試算表の借方欄の合計額と貸方欄の合計額が一致することを確認する。

資 産		負 債	
借方合計　A 1	貸方合計　A 2	借方合計　L 1	貸方合計　L 2

純資産	
借方合計　C 1	貸方合計　C 2

費 用		収 益	
借方合計　E 1	貸方合計　E 2	借方合計　R 1	貸方合計　R 2

合計残高試算表

借方残高	借方合計	元丁	勘定科目	貸方合計	貸方残高
A 1 − A 2	A 1		資　　　産	A 2	
	L 1		負　　　債	L 2	L 2 − L 1
	C 1		純　資　産	C 2	C 2 − C 1
	R 1		収　　　益	R 2	R 2 − R 1
E 1 − E 2	E 1		費　　　用	E 2	
× × ×	△△△			△△△	× × ×

＝＝＝ 一致する ＝＝＝

問題4 次の勘定記録に基づき，合計残高試算表を作成しなさい。

現　　金　　1		売　掛　金　　2		備　　品　　3	
1,500,000	1,000,000	115,000	55,000	175,000	
200,000	31,000	125,000	90,000	55,000	
110,000	100,000	74,000			
55,000	95,000			未　払　金　　5	
41,000	47,000	車両運搬具　　4		100,000	175,000
22,000	95,000	1,000,000			55,000
90,000	55,000				

借　入　金　6	
	200,000

資　本　金　7	
	1,500,000

運送収益　　9	
	110,000
	115,000
	125,000

受取手数料　10	
	41,000
	22,000

給　　料　11	
95,000	
95,000	
	74,000

修　繕　費　12	
55,000	

燃　料　費　13	
31,000	
47,000	

解　答

合計残高試算表

借方残高	借方合計	元丁	勘定科目	貸方合計	貸方残高
595,000	2,018,000	1	現　　　　金	1,423,000	
169,000	314,000	2	売　掛　金	145,000	
230,000	230,000	3	備　　　品		
1,000,000	1,000,000	4	車両運搬具		
	100,000	5	未　払　金	230,000	130,000
		6	借　入　金	200,000	200,000
		7	資　本　金	1,500,000	1,500,000
		9	運　送　収　益	424,000	424,000
		10	受　取　手　数　料	63,000	63,000
190,000	190,000	11	給　　　料		
55,000	55,000	12	修　繕　費		
78,000	78,000	13	燃　料　費		
2,317,000	3,985,000			3,985,000	2,317,000

(4) 試算表の貸借合計が一致しない場合

試算表の借方欄の合計額と貸方欄の合計額が一致しない場合，その原因を明らかにしなければならないが，試算表作成の手順を遡っていけばよい。

① 試算表の借方欄・貸方欄合計の計算に誤りがないかどうかを確認する。

② 各勘定の合計・残高が試算表に正しく書き移されているかどうかを確認する。

③ 各勘定の合計・残高の計算に誤りがないかどうかを確認する。

④ 仕訳帳から総勘定元帳の各勘定に正しく，また，もれなく転記されているかどうかを確認する。

⑤ 仕訳に誤りがないかどうかを確認する。

なお，試算表の借方欄の合計額と貸方欄の合計額が一致していても，勘定科目を間違えて仕訳した場合，借方と貸方の金額を同額ずつ間違えて仕訳した場合，ある取引を二重に仕訳した，またはまったく仕訳しなかった場合，勘定口座を間違えて転記した場合，借方と貸方を反対に転記した場合，ある仕訳を二重に転記した，またはまったく転記しなかった場合は，試算表を作成しても誤りを発見することはできない。つまり，試算表の検証機能には一定の限界がある。

6 決 算

(1) 決算手続

企業の経営活動の記録・計算・整理は一定の期間を単位として行われる。そのため，一会計期間の終わりに総勘定元帳の勘定記録を整理し，帳簿を締め切り，損益計算書と貸借対照表を作成して，その期間の経営成績と財政状態を明らかにしなければならない。この一連の手続を**決算**といい，決算を行う日を**決算日**と呼ぶ。

決算手続は，次の手順で行う。

① 試算表の作成

② 決算整理（**第12章**で解説する）

③ 帳簿の締切り

④ 損益計算書と貸借対照表の作成

(2) 帳簿の締切り

1）収益・費用の各勘定の損益勘定への振替

帳簿の締切りは，総勘定元帳の各勘定口座を締め切ることから始まる。勘定の締切りとは，勘定の借方と貸方を同額にし，貸借を一致させることである。まず，収益・費用の各勘定を締め切るため，**損益勘定**を新たに設け，ここにこれらの勘定残高を集計する。収益の各勘定は貸方残高となっているので，これを損益勘定の貸方へ振り替える。また，費用の各勘定は借方残高となっているので，これを損益勘定の借方へ振り替える。次のように仕訳すればよい。

① （借）収　益　の　勘　定　　×××　（貸）損　　　　　益　　　×××

② （借）損　　　　　益　　　×××　（貸）費　用　の　勘　定　　×××

この仕訳を転記することによって，収益・費用の各勘定は，それぞれ借方合計額と貸方合計額が一致するので，その合計額を記入し，各勘定口座を締め切る。

上記の仕訳のように，ある勘定の借方から他の勘定の借方へ，逆に，ある勘定の貸方から他の勘定の貸方へ金額を書き移すことを**振替**といい，そのための仕訳を**振替仕訳**と呼ぶ。

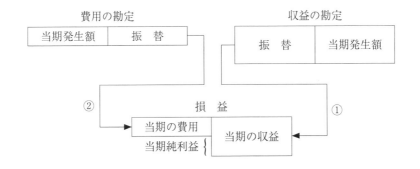

2）当期純利益の繰越利益剰余金勘定への振替

損益勘定へ収益・費用の各勘定残高を振り替えた結果，損益勘定の借方には費用の各勘定残高が，また，貸方には収益の各勘定残高が集計され，その貸借差額として当期純利益（または当期純損失）が示されている。当期純利益（当期純損失）は純資産の増加（減少）を意味するので，これを**繰越利益剰余金勘定の貸方（借方）へ振り替える**。つまり，当期純利益の場合は，

　③（借）損　　　　　益　　×××　（貸）繰越利益剰余金　　×××

と仕訳し，逆に，当期純損失の場合には，次のように仕訳する。

　　（借）繰越利益剰余金　　×××　（貸）損　　　　　益　　×××

3）資産・負債・純資産の各勘定の締切り

資産・負債・純資産は，その勘定残高が次期に繰り越されるため，決算日の日付で勘定残高の反対側（資産は貸方，負債・純資産は借方）に，直接，それぞれの勘定残高を「次期繰越」として記入し，借方合計額と貸方合計額を一致させて締め切る。さらに，次年度の期首の日付で，次期繰越の反対側（資産は借方，負債・純資産は貸方）に，次期繰越と同額を「前期繰越」として記入する。これを**開始記入**という。

4）繰越試算表

資産・負債・純資産の勘定を締め切ったら，次期繰越が正しく記入されているかどうかを確認するため，各勘定の次期繰越高を集計して**繰越試算表**を作成する（資産は借方，負債・純資産は貸方に記入する）。

5）仕訳帳の締切り

仕訳帳は，期中取引の記入が終了したときに，また，決算時の振替仕訳を記入した後に，借方記入額と貸方記入額の合計を求め，それが等しいことを確認して締め切る。

問題5　次の勘定記録に基づき，決算仕訳（振替仕訳）を行い，勘定を締め切り（開始記入も行うこと），繰越試算表を作成しなさい。なお，決算日は3月31日である。

現　　金　　1	
2,018,000	1,423,000

売　掛　金　　2	
314,000	145,000

備　　品　　3	
230,000	

車両運搬具　　4	
1,000,000	

未　払　金　　5	
100,000	230,000

借　入　金　　6	
	200,000

資　本　金　　7	
	1,500,000

運　送　収　益　　9	
	424,000

受取手数料　　10	
	63,000

給　　料　　11	
190,000	

修　繕　費　　12	
55,000	

燃　料　費　　13	
78,000	

解答

3/31	（借）運　送　収　益	424,000	（貸）損　　　　　益	487,000
	受　取　手　数　料	63,000		
	（借）損　　　　　益	323,000	（貸）給　　　　　料	190,000
			修　繕　費	55,000
			燃　料　費	78,000
	（借）損　　　　　益	164,000	（貸）繰越利益剰余金	164,000

現　　金			1
	2,018,000		1,423,000
		3/31　次期繰越	595,000
	2,018,000		2,018,000
4/1　前期繰越	595,000		

	売　　掛　　金			2
	314,000			145,000
		3/31	次 期 繰 越	169,000
	314,000			314,000
4/1　前 期 繰 越	169,000			

	備　　　　品			3
	230,000	3/31	次 期 繰 越	230,000
4/1　前 期 繰 越	230,000			

	車 両 運 搬 具			4
	1,000,000	3/31	次 期 繰 越	1,000,000
4/1　前 期 繰 越	1,000,000			

	未　　払　　金			5
	100,000			230,000
3/31　次 期 繰 越	130,000			
	230,000			230,000
		4/1	前 期 繰 越	130,000

	借　　入　　金			6
3/31　次 期 繰 越	200,000			200,000
		4/1	前 期 繰 越	200,000

	資　　本　　金			7
3/31　次 期 繰 越	1,500,000			1,500,000
		4/1	前 期 繰 越	1,500,000

	繰越利益剰余金			8
3/31　次 期 繰 越	164,000	3/31	損　　　　益	164,000
		4/1	前 期 繰 越	164,000

	運　送　収　益			9
3/31　損　　　　益	424,000			424,000

受 取 手 数 料　　　　　　　　10

3/31 損　　益	63,000		63,000

給　　料　　　　　　　　11

	190,000	3/31 損　　益	190,000

修 繕 費　　　　　　　12

	55,000	3/31 損　　益	55,000

燃 料 費　　　　　　　13

	78,000	3/31 損　　益	78,000

損　　益　　　　　　　　14

3/31 給　　料	190,000	3/31 運送収益	424,000
〃 修 繕 費	55,000	〃 受取手数料	63,000
〃 燃 料 費	78,000		
〃 繰越利益剰余金	164,000		
	487,000		487,000

繰越試算表

借　　方	元丁	勘定科目	貸　　方
595,000	1	現　　　金	
169,000	2	売　掛　金	
230,000	3	備　　品	
1,000,000	4	車 両 運 搬 具	
	5	未　払　金	130,000
	6	借　入　金	200,000
	7	資　本　金	1,500,000
	8	繰越利益剰余金	164,000
1,994,000			1,994,000

解　説

　損益勘定への転記に当たり，転記のルールに従えば，「諸口」として合計額を一括して記入すべきであるが，相手勘定科目と金額を個別に記入する。損益勘定に基づいて損益計算書を作成するので，収益・費用の内訳がわかるようにするのである。

参　考

　ここで説明した決算を**英米式決算法**というが，資産・負債・純資産の各勘定を締め切るため，残高勘定を新たに設け，以下のように残高勘定への振替仕訳を行い，この仕訳を転記することで勘定を締め切る方法もある。これを**大陸式決算法**という。

（借）残	高	1,994,000	（貸）現	金	595,000		
			売　掛	金	169,000		
			備	品	230,000		
			車 両 運 搬 具	1,000,000			
（借）未　払　金	130,000	（貸）残	高	330,000			
借　入　金	200,000						
（借）資　本　金	1,500,000	（貸）残	高	1,664,000			
繰越利益剰余金	164,000						

　大陸式決算法は「すべての取引を仕訳帳に仕訳した後で，総勘定元帳に転記する」という複式簿記の基本的ルールの下での決算手続であるが，本書では，わが国で一般的に用いられている英米式決算法を説明した。

（3）損益計算書と貸借対照表の作成

　損益勘定に基づいて損益計算書を，また，繰越試算表に基づいて貸借対照表を作成する。その際，明瞭表示の観点から，一定の区分や配列を考慮しなければならない（詳細は**第26章**で解説する）。

問題6　31頁の損益勘定と繰越試算表に基づいて，損益計算書と貸借対照表を作成しなさい。なお，企業名などの記載は省略する。

解　答

損益計算書　　　　　　　　　　　（単位：円）

費　　用	金　額	収　　益	金　額
給　　料	190,000	運 送 収 益	424,000
修 繕 費	55,000	受 取 手 数 料	63,000
燃 料 費	78,000		
当 期 純 利 益	164,000		
	487,000		487,000

貸借対照表　　　　　　　　　　　（単位：円）

資　　産	金　額	負債・純資産	金　額
現　　金	595,000	未 払 金	130,000
売 掛 金	169,000	借 入 金	200,000
備　　品	230,000	資 本 金	1,500,000
車 両 運 搬 具	1,000,000	繰越利益剰余金	164,000
	1,994,000		1,994,000

解　説

損益勘定の「繰越利益剰余金」は，損益計算書上では「当期純利益」と表示する。

第 2 編

初級簿記

第2編「初級簿記」 学習の進め方

　第2編「初級簿記」の内容は，諸取引の処理（第4章～第11章），決算（第12章），伝票会計（第13章）の3つに区分される。

　本編の中心となるのは，第4章「現金・預金」から第11章「税金」までの8つの章で，様々な諸取引を，どのように記録（仕訳）するかを学ぶ。次のように学習を進めるとよいだろう。

① 用語の意味（例えば，第4章で当座預金を学ぶとき，「当座預金とはどのような預金なのか」）を理解する。

② 使用する勘定科目（例えば，当座預金取引を仕訳するために用いる勘定科目＝当座預金勘定）を覚える。

③ 問題を解く（実際に仕訳を行う）。漫然と解答を眺めるのではなく，例えば，当座預金口座へ振込みがあったとき，「なぜ当座預金を借方に記入するのか」を意識する。面倒がらずに，「当座預金の増加→当座預金は資産→資産は借方が基準→増加したので同じ側（借方）に記入する」と，仕訳の手順を頭の中でイメージすることが大切である。

　第12章「決算」では，決算整理を学ぶ。「費用・収益の前払い・前受けと未払い・未収」を難しく感じるだろうが，例えば，「費用の前払いがあった→その分だけ当期の費用が過大に計上されている→その分だけ当期の費用から控除しなければならない」と，決算に際して何をすべきかを考えながら学習してほしい。キーワードは「適正な期間損益計算」である。

　本編が理解できていれば，日商簿記検定試験3級に合格する力は身に付いている。模擬問題集や予想問題集などで実際の問題形式に馴染んだ後，是非，挑戦してほしい。

第4章

現金・預金

1　現　　　金

(1) 簿記上の現金

　現金を受け取ったとき，または支払ったときは**現金勘定**（資産）で処理する。ただし，簿記上で現金として扱われるものには，通貨の他，いつでも通貨に換えることのできる**通貨代用証券**（他人振出しの小切手など）も含まれる。

(2) 現金出納帳

　現金取引の明細を記録する帳簿を**現金出納帳**といい，その記入方法は以下のとおりである。

現金出納帳

日付	摘　　　要	収　入	支　出	残　高
①	②	③	④	⑤

① 日付欄：現金を受け取った，または支払った月日を記入する。

② 摘要欄：取引内容を具体的に記入する。

③ 収入欄：受取額を記入する。

④ 支出欄：支払額を記入する。

⑤ 残高欄：現金の残高を記入する。

　月末には，残高を「支出」欄に記入し，「収入」欄の合計額と「支出」欄の合計額が一致することを確認して締め切る。

問題1 次の取引を現金出納帳に記入し，締め切りなさい。なお，現金の前月繰越高は500,000円であった。

　4/10　銀行から現金250,000円を借り入れた。

　　25　営業用車両1台600,000円を買い入れ，代金は現金で支払った。

解答

現金出納帳

日付		摘　　　　要	収　　入	支　　出	残　　高
4	1	前月繰越	500,000		500,000
	10	銀行借入れ	250,000		750,000
	25	営業用車両購入		600,000	150,000
	30	次月繰越		150,000	
			750,000	750,000	
5	1	前月繰越	150,000		150,000

参考

　現金出納帳の残高は現金勘定の残高と一致するので，両者を照合することによって，記録の正確性を確認することができる。

　すべての取引は仕訳帳に記録され，総勘定元帳の各勘定口座へ転記されるが，これらは複式簿記では欠くことのできない帳簿なので**主要簿**と呼ばれている。また，特定の取引や勘定の明細を記録する帳簿を**補助簿**といい，特定の取引の明細を記録する補助記入帳（現金出納帳，当座預金出納帳，小口現金出納帳，仕入帳・売上帳，受取手形記入帳・支払手形記入帳）と，特定の勘定の明細を記録する補助元帳（売掛金元帳・買掛金元帳，商品有高帳，固定資産台帳）がある。

(3) 現金過不足

　現金の増減は現金勘定に記入するから，実際の現金有高と帳簿上の現金勘定残高は，本来，一致するはずである。しかし，金額の書き間違いや紛失・盗難などによって，両者に食い違いが生じることがある。

　現金の実際有高と帳簿残高が異なるときは，帳簿残高を修正して実際有高に一致させる。その際，両者の差額は，原因が判明するまで一時的に**現金過不足勘定**（勘定科目が確定するまでの仮勘定）に記入しておき，不一致の原因が明らかになれば，これを該当する勘定へ振り替える。期末になっても原因が不明の場合，過剰額は**雑益勘定**（収益），不足額は**雑損勘定**（費用）で処理する。

問題2 次の取引を仕訳しなさい。

① 現金の実際有高を調べたところ，帳簿残高より26,000円不足していた。

② 原因を調査した結果，上記不足額のうち22,000円は電気代の記帳漏れであることが判明した。

③ 決算に当たり，原因不明の不足額を雑損勘定へ振り替えた。

解　答

①	（借）現 金 過 不 足	26,000	（貸）現　　　　　金	26,000
②	（借）水 道 光 熱 費	22,000	（貸）現 金 過 不 足	22,000
③	（借）雑　　　　　損	4,000	（貸）現 金 過 不 足	4,000

2　預　　　金

(1) 当座預金

　銀行と当座預金契約を結び，預け入れられた預金を**当座預金**といい，その特徴は預金の引出しに小切手を用いることである。そのため，例えば，備品代金の支払いを小切手の振出し（必要事項を記入し，発行すること）によって行うことが可能となる。当座預金口座への現金預入れや，小切手振出しによる当座預金の引出しは**当座預金勘定**（資産）で処理する。なお，他人振出しの小切手は通貨代用証券の一種なので，これを受け取ったときは現金勘定（資産）に記入する。

問題3 次の取引を仕訳しなさい。

① 当座預金口座を開設し，現金100,000円を預け入れた。

② 備品50,000円を購入し，代金は小切手を振り出して支払った。

③ 池田商事と上里商会の取引を仲介し，手数料25,000円は池田商事振出しの小切手で受け取った。

④ 上記③で，先に当社が振り出した小切手を受け取った場合。

解答

①	（借）当 座 預 金	100,000	（貸）現 　　　金	100,000
②	（借）備 　　品	50,000	（貸）当 座 預 金	50,000
③	（借）現 　　金	25,000	（貸）受 取 手 数 料	25,000
④	（借）当 座 預 金	25,000	（貸）受 取 手 数 料	25,000

解説

④ 先に自己が振り出した小切手を受け取ったときは，振出時に行った当座預金減少の処理を取り消す（当座預金を増加させる）。また，他人振出しの小切手を換金せず（または当座預金口座へ預け入れず），そのまま支払いに充てた場合は，現金の減少として処理する。

(2) 当座借越

　小切手による当座預金の引出しは預金残高内で行われるから，当座預金残高が不足していれば，小切手の受取人が銀行に小切手を持参しても支払いは拒絶される。そこで，あらかじめ銀行に担保を置き，残高がゼロになっても一定限度内まで小切手を振り出すことのできる**当座借越契約**を結ぶことが多い。

　すでに学んだように，小切手の振出しは当座預金勘定（資産）の貸方に記入するので，当座預金の残高以上に小切手を振り出した場合，一時的に当座預金勘定が貸方残高になることもある。

問題4　次の取引を仕訳しなさい。

① 5月1日，当座預金口座を開設し，現金50,000円を預け入れた。口座開設と同時に，限度額50,000円の当座借越契約を締結し，その担保として，現金50,000円を定期預金口座へ預け入れた。

② 5月10日，備品65,000円を購入し，代金は小切手を振り出して支払った。

③ 5月25日，売掛金32,000円が当座預金口座へ振り込まれた。

解　答

①	（借）当　座　預　金	50,000	（貸）現　　　　　金	50,000
	（借）定　期　預　金	50,000	（貸）現　　　　　金	50,000
②	（借）備　　　　　品	65,000	（貸）当　座　預　金	65,000
③	（借）当　座　預　金	32,000	（貸）売　　掛　　金	32,000

参　考

　決算日に当座預金勘定が貸方残高になっている場合，それは銀行からの借入れを意味するので，**当座借越勘定**（負債）または**借入金勘定**（負債）へ振り替える。例えば，②の取引終了後，決算を迎えた場合の仕訳は，以下のとおりである。

　（借）当　座　預　金　　　15,000　（貸）当　座　借　越　　　15,000

その後，決算日の翌日の日付で再振替仕訳（**第12章**で解説する）を行う。

　（借）当　座　借　越　　　15,000　（貸）当　座　預　金　　　15,000

(3) 当座預金出納帳

当座預金取引の明細を記録する帳簿を**当座預金出納帳**とい，その記入方法は以下のとおりである。

当座預金出納帳

日付	摘　　　要	預　入	引　出	借/貸	残　高
①	②	③	④	⑤	⑥

① 日　付　欄：当座預金口座へ預け入れた，または引き出した月日を記入する。

② 摘　要　欄：取引内容を具体的に記入する。

③ 預　入　欄：預入額を記入する。

④ 引　出　欄：引出額を記入する。

⑤ 借 / 貸 欄：当座預金口座が借方残高の場合は「借」，貸方残高の場合は「貸」
　　　　　　　 と記入する。

⑥ 残　高　欄：当座預金の残高を記入する。

　月末には，残高を「引出」欄に記入し，「預入」欄の合計額と「引出」欄の合計額が一致することを確認して締め切る。

問題5　41頁**問題4**の取引を当座預金出納帳に記入し，締め切りなさい。

解　答

当座預金出納帳

日付		摘　　　要	預　入	引　出	借/貸	残　高
5	1	現金預入れ	50,000		借	50,000
	10	備品購入		65,000	貸	15,000
	25	売掛金回収	32,000		借	17,000
	31	次月繰越		17,000		
			82,000	82,000		
6	1	前月繰越	17,000		借	17,000

(4) その他の預金

　当座預金以外の銀行預金には普通預金や定期預金などがあり，これらの預金は，**普通預金勘定**（資産），**定期預金勘定**（資産）など，それぞれの預金名を付けた勘定で処理する。また，複数の銀行に当座預金や普通預金を開設している場合，それぞれの預金を管理するため，預金名と銀行名を勘定科目とすることもある。なお，預金口座間の振込手数料は支払手数料勘定（費用）で処理する。

問題6 当社は石川銀行に普通預金口座，上原銀行に当座預金口座を開設している。本日，石川銀行の普通預金口座から上原銀行の当座預金口座へ100,000円振り込み，振込手数料500円は石川銀行の普通預金口座から引き落とされた。この取引を仕訳しなさい。

解答

（借）当座預金上原銀行　　100,000　（貸）普通預金石川銀行　　100,500
　　　支 払 手 数 料　　　　500

3　小口現金

(1) 小口現金

　現金をもつことによって生ずる手間や危険を避けるため，通常，金銭の受払いは当座預金口座を通して行われるが，交通費や通信費など日常発生する少額の支払いに備え，あらかじめ一定額の現金を手許に置いておく必要がある。この資金を**小口現金**といい，**小口現金勘定**（資産）で処理する。

　小口現金の運用は，一定額を小口現金係（用途係）に前渡しし，一定期間末に支払いの報告を受け，その同額を補給する**定額資金前渡制度**によって行われる。

問題7 次の取引を仕訳しなさい。

① 6月1日，今週から定額資金前渡制度を採用することになり，小口現金係へ小切手30,000円を振り出して前渡しした。

② 6月5日，小口現金係から今週の小口現金の支払いとして，次のような報告を受け，支払額と同額の小切手を振り出して補給した。

　旅費交通費　12,000円，通信費　11,000円，雑費　3,000円

解答

①（借）小 口 現 金　　30,000　（貸）当 座 預 金　　30,000

② （借）旅 費 交 通 費	12,000	（貸）小 　口 　現 　金	26,000
通 　信 　費	11,000		
雑 　　　　費	3,000		
（借）小 　口 　現 　金	26,000	（貸）当 　座 　預 　金	26,000

(2) 小口現金出納帳

小口現金の明細を記録する帳簿を**小口現金出納帳**とい，その記入方法は以下のとおりである。

小口現金出納帳

受入	日付	摘　　要	支払	内　　訳			残高
				交通費	通信費	雑　費	
①	②	③	④	⑤			⑥

① 受入欄：補給額を記入する。

② 日付欄：小口現金を受け入れた，または支払った月日を記入する。

③ 摘要欄：受入れ・支払いの具体的な内容を記入する。

④ 支払欄：支払額を記入する。

⑤ 内訳欄：「支払」欄に記入された支払額を，その内容に応じて適当な勘定
　　　　　科目欄に記入する。

⑥ 残高欄：小口現金の残高を記入する。

　週末には，まず，「支払」欄と「内訳」欄の金額を合計し，合計額が一致することを確認する。次に，補給額を「受入」欄に記入し，次週へ繰り越す金額を「支払」欄に記入する。そして，「受入」欄の合計額と「支払」欄の合計額が一致することを確認して締め切る。

問題8　次の取引を小口現金出納帳に記入し，週末における締切りと資金補給に関する記入を行いなさい。定額資金前渡制度により，小口現金係は毎週金曜日に資金の補給を受けている。なお，小口現金の前週繰越高は30,000円であった。

6/2（火）郵 便 切 手　　11,000円

　　3（水）バ ス 回 数 券　　7,000円

　　4（木）タ ク シ ー 代　　5,000円

　　5（金）接待用菓子代　　3,000円

解　答

小口現金出納帳

受入	日付		摘　　要	支払	内　　訳			残高
					交通費	通信費	雑　費	
30,000	6	1	前 週 繰 越					30,000
		2	郵 便 切 手	11,000		11,000		19,000
		3	バ ス 回 数 券	7,000	7,000			12,000
		4	タ ク シ ー 代	5,000	5,000			7,000
		5	接待用菓子代	3,000			3,000	4,000
			合　　計	26,000	12,000	11,000	3,000	
26,000		5	本 日 補 給					
		〃	次 週 繰 越	30,000				
56,000				56,000				
30,000	6	8	前 週 繰 越					30,000

第5章

商 品 売 買

1 商品売買

(1) 商品売買

　商品売買とは文字どおり，商品（販売するための物品）を売ったり，買ったりすることで，商品を購入することを**仕入**といい，商品を販売することを**売上**という。また，商品を購入する取引先（取引相手）を仕入先，商品を販売する取引先を得意先と呼ぶ。

(2) 三分法

　商品売買取引を仕入，売上，繰越商品の３つの勘定を用いて処理する方法を**三分法**という。三分法では，商品を仕入れたときは仕入高を**仕入勘定**（費用）に，商品を販売したときは売上高を**売上勘定**（収益）に記入する。また，期末に在庫がある場合，**繰越商品勘定**（資産）で処理する。

　商品売買益は，決算に当たり，その期間に販売した商品すべてについて一括して計算する（**第12章**で解説する）。

(3) 返品

　仕入れた商品に品違いや品質不良などがあったとき，これを仕入先に返品することがある。逆に，同様の理由で，得意先から商品が返品されることもある。これを**仕入戻し・売上戻り**という。返品は売買取引の一部取消しを意味するので，仕入・販売時の反対仕訳（借方・貸方が逆の仕訳）を行い，その分だけ仕入高または売上高を減額する。

問題1 次の取引を仕訳しなさい。

① 商品200個（@1,000円）を仕入れ，代金は掛けとした。

② 上記商品のうち，20個を品違いのため返品した。

③ 商品100個（@3,500円，原価@3,000円）を販売し，代金は掛けとした。

④ 上記商品のうち，10個が一部破損のため返品された。

解答

① （借）仕	入	200,000	（貸）買 掛 金	200,000
② （借）買 掛 金	20,000	（貸）仕	入	20,000
③ （借）売 掛 金	350,000	（貸）売	上	350,000
④ （借）売	上	35,000	（貸）売 掛 金	35,000

参考

　商品の保管を倉庫業者へ依頼している場合，業社に支払う倉庫料は**保管費勘定**（費用）で処理する。

(4) 仕入諸掛・売上諸掛

　商品を仕入れる際に支払う引取運賃や運送保険料を**仕入諸掛**という。これは商品を取得するのに不可欠な費用なので，商品の取得原価に算入（仕入勘定で処理）する。

　また，商品を発送する際に，発送運賃などの費用を支払うことがある。これを**売上諸掛**といい，**発送費勘定**（費用）で処理する。

問題2 次の取引を仕訳しなさい。

① 商品100,000円を仕入れ，代金は掛けとした。また，配送業者へ引取運賃1,000円を現金で支払った。

② 商品150,000円を発送運賃2,000円を加えた合計額で販売し，代金は掛けとした。また，配送業者へ発送運賃2,000円を現金で支払った。

解　答

①	（借）仕		入	101,000	（貸）買	掛	金	100,000
					現		金	1,000
②	（借）売	掛	金	152,000	（貸）売		上	152,000
	（借）発	送	費	2,000	（貸）現		金	2,000

解　説

　送料を売上に含める処理は，通信販売（送料込み）をイメージするとよい。なお，上記②の買い主側の仕訳は，以下のとおりである。

　　（借）仕　　　　　　　入　　152,000　（貸）買　　掛　　金　　152,000

参　考

　売り主が誤って着払いにするなど，あまり現実的ではないが，売り主が負担すべき送料を買い主が立替払いすることがある。その場合，**立替金勘定**（資産）で処理するか，買掛金から減額する。上記①の送料が売り主負担だったときは，

　①（借）仕　　　　　　　入　　100,000　（貸）買　　掛　　金　　100,000
　　（借）立　　替　　金　　1,000　（貸）現　　　　金　　1,000

と仕訳するか，以下のように仕訳する。

　①（借）仕　　　　　　　入　　100,000　（貸）買　　掛　　金　　99,000
　　　　　　　　　　　　　　　　　　　　　（貸）現　　　　金　　1,000

2　仕入帳・売上帳と商品有高帳

(1) 仕入帳・売上帳

1）仕入帳

　仕入取引の明細を記録する帳簿を**仕入帳**といい，その記入方法は以下のとおりである。

仕　入　帳

日付	摘　　　要	内　訳	金　額
①	②	③	④

① 日付欄：商品を仕入れた月日を記入する。

② 摘要欄：仕入先名・代金の支払方法（１行目），仕入れた商品名・数量・
仕入単価（２行目）を記入する。仕入諸掛も記入する。

③ 内訳欄：数種類の商品を仕入れた場合や，仕入諸掛がある場合，それぞ
れの金額を記入する。

④ 金額欄：仕入の合計額を記入する。

仕入戻しを行ったときも，日付，仕入先名，商品名などを上記①から④と同
じように記入する。

月末には，総仕入高を求め，これから仕入戻し高を控除し，純仕入高を算出
して締め切る。

２）売上帳

売上取引の明細を記録する帳簿を**売上帳**といい，その記入方法は仕入帳と同
じである。

問題3 次の取引を仕入帳と売上帳に記入し，締め切りなさい。

5／1　上原商工からA商品20個（@1,000円）を仕入れ，代金は掛とした。なお，
引取運賃2,000円は現金で支払った。

　　5　大城通商からB商品30個（@1,500円）を仕入れ，代金は掛とした。

　10　大城通商から仕入れた商品のうち，4個を品違いのため返品した。

　15　神里販売にA商品10個（@1,600円），B商品10個（@2,100円）を販売し，
代金は掛とした。

　20　我喜屋物産にB商品10個（@2,100円）を販売し，代金は掛とした。

　25　我喜屋物産に販売した商品のうち，2個が一部破損のため返品された。

解 答

仕 入 帳

日付		摘　　　要		内　訳	金　額
5	1	上原商工	掛		
		A商品　　20個　　@1,000円		20,000	
		引取運賃現金支払い		2,000	22,000
	5	大城通商	掛		
		B商品　　30個　　@1,500円			45,000
	10	大城通商	掛返品		
		B商品　　4個　　@1,500円			6,000
	31		総 仕 入 高		67,000
	〃		仕入戻し高		6,000
			純 仕 入 高		61,000

売 上 帳

日付		摘　　　要		内　訳	金　額
5	15	神里販売	掛		
		A商品　　10個　　@1,600円		16,000	
		B商品　　10個　　@2,100円		21,000	37,000
	20	我喜屋物産	掛		
		B商品　　10個　　@2,100円			21,000
	25	我喜屋物産	掛返品		
		B商品　　2個　　@2,100円			4,200
	31		総 売 上 高		58,000
	〃		売上戻り高		4,200
			純 売 上 高		53,800

(2) 商品有高帳

1) 商品有高帳

商品の種類ごとに，増減や残高などの明細を記録する帳簿を**商品有高帳**とい

い，その記入方法は以下のとおりである。

商品有高帳

日付	摘　要	受　入			払　出			残　高		
		数量	単価	金額	数量	単価	金額	数量	単価	金額
①	②	③			④			⑤		

① 日付欄：商品を仕入れた，または販売した月日を記入する。

② 摘要欄：取引先名を記入する。

③ 受入欄：仕入れた商品を数量・単価・合計額の順に記入する。

④ 払出欄：販売した商品を数量・単価・合計額の順に記入（売価ではなく，販売した商品の原価を記入）する。

⑤ 残高欄：商品の残高を数量・単価・合計額の順に記入する。

　仕入戻しは「払出」欄に，その商品の仕入原価で記入する。また，売上戻りは「受入」欄に，その商品の払出単価（原価）で記入する。

　月末には，残高を「払出」欄に数量・単価・合計額の順に記入し，「受入」欄の合計数量・合計額と「払出」欄の合計数量・合計額が一致することを確認して締め切る。

2）払出単価の計算方法

　払出単価の計算方法には，先入先出法と移動平均法の2つの方法がある。**先入先出法**とは，先に受け入れた商品から先に払い出されると仮定して，払出単価を決定する方法である。また，単価の異なる商品を受け入れる度に平均単価を計算し，これを払出単価とする方法を**移動平均法**という。

問題4　次の取引を商品有高帳に記入し，締め切りなさい。

　　6/1　岸本産業からC商品10個（@500円）を仕入れ，代金は掛けとした。

　　　10　具志堅商事からC商品30個（@600円）を仕入れ，代金は掛けとした。

　　　20　崎原商会にC商品20個（@900円）を販売し，代金は掛けとした。

解　答

商品有高帳

先入先出法　　　　　　　　　　　　　Ｃ商品　　　　　　　　　　　単位：個

日付		摘　要	受　入			払　出			残　高		
			数量	単価	金額	数量	単価	金額	数量	単価	金額
6	1	岸本産業	10	500	5,000				10	500	5,000
	10	具志堅商事	30	600	18,000				10	500	5,000
									30	600	18,000
	20	崎原商会				10	500	5,000			
						10	600	6,000	20	600	12,000
	30	次月繰越				20	600	12,000			
			40		23,000	40		23,000			
7	1	前月繰越	20	600	12,000				20	600	12,000

商品有高帳

移動平均法　　　　　　　　　　　　　Ｃ商品　　　　　　　　　　　単位：個

日付		摘　要	受　入			払　出			残　高		
			数量	単価	金額	数量	単価	金額	数量	単価	金額
6	1	岸本産業	10	500	5,000				10	500	5,000
	10	具志堅商事	30	600	18,000				40	575	23,000
	20	崎原商会				20	575	11,500	20	575	11,500
	30	次月繰越				20	575	11,500			
			40		23,000	40		23,000			
7	1	前月繰越	20	575	11,500				20	575	11,500

解　説

６月10日商品仕入後の平均単価

$$= \frac{6／1の残高金額＋6／10の仕入高}{6／1の残高数量＋6／10の仕入数量} = \frac{5,000円＋18,000円}{10個＋30個} = 575円$$

第6章

売掛金・買掛金

1 売掛金・買掛金

(1) 売掛金・買掛金

得意先との間の通常の営業活動によって生じた債権を売掛金といい，**売掛金勘定**（資産）で処理する。また，仕入先との間の通常の営業活動によって生じた債務を買掛金といい，**買掛金勘定**（負債）で処理する。

問題1 次の取引を仕訳しなさい。

① 7月10日，島根商工に商品60,000円を販売し，代金は掛けとした。

② 7月15日，高良通商から商品45,000円を仕入れ，代金は掛けとした。

③ 7月25日，島根商工に対する売掛金40,000円を同社振出しの小切手で受け取った。

解 答

① （借）売 掛 金	60,000	（貸）売 上	60,000
② （借）仕 入	45,000	（貸）買 掛 金	45,000
③ （借）現 金	40,000	（貸）売 掛 金	40,000

(2) 売掛金元帳・買掛金元帳

得意先・仕入先ごとに，売掛金・買掛金の増減や残高などの明細を記録する帳簿を**売掛金元帳・買掛金元帳**という。売掛金元帳・買掛金元帳には，得意先・仕入先を単位とする勘定口座が設けられる。このように，取引先名を用いた勘定を**人名勘定**といい，その記入方法は以下のとおりである。

売掛金元帳

○○商事

日付	摘　　　要	借　方	貸　方	借/貸	残　高
①	②	③	④	⑤	⑥

①日 付 欄：売掛金が増加した，または減少した月日を記入する。

②摘 要 欄：取引の内容を具体的に記入する。

③借 方 欄：売掛金の増加額を記入する。

④貸 方 欄：売掛金の減少額を記入する。

⑤借/貸欄：売掛金が借方残高の場合は「借」，貸方残高の場合は「貸」と
記入する。

⑥残 高 欄：売掛金の残高を記入する。

　月末には，残高を「貸方」欄に記入し，「借方」欄の合計額と「貸方」欄の
合計額が一致することを確認して締め切る。

　買掛金元帳の記入方法は，売掛金元帳とほぼ同じである。

問題2 53頁**問題1**の取引を売掛金元帳に記入し，締め切りなさい。なお，島根商
工に対する売掛金の前月繰越高は30,000円であった。

[解　答]

売掛金元帳

島根商工

日付		摘　　　要	借　方	貸　方	借/貸	残　高
7	1	前月繰越	30,000		借	30,000
	10	掛売上	60,000		〃	90,000
	25	売掛金回収		40,000	〃	50,000
	31	次月繰越		50,000		
			90,000	90,000		
8	1	前月繰越	50,000		借	50,000

2　クレジット売掛金

　クレジット・カードを用いた取引をクレジット取引という。クレジット取引によって発生した債権は，信販会社（カード会社）に対するものなので，売掛金と区別して**クレジット売掛金勘定**（資産）で処理する。また，信販会社に支払う手数料は支払手数料勘定（費用）で処理する。

問題3　次の取引を仕訳しなさい。

① 商品200,000円をクレジット払いの条件で販売した。また，信販会社へのクレジット手数料（販売代金の1％）を計上した。

② 信販会社から上記商品の代金が当座預金口座へ振り込まれた。

解　答

① （借）クレジット売掛金　　198,000　（貸）売　　　　　上　　200,000
　　　　支 払 手 数 料　　　 2,000

② （借）当 座 預 金　　　 198,000　（貸）クレジット売掛金　198,000

3　貸　倒　れ

(1) 貸倒れ

　売掛金などの債権が，得意先の倒産その他の原因によって回収不能になることがある。これを**貸倒れ**といい，売掛金が貸倒れとなったときは**貸倒損失勘定**（費用）で処理し，売掛金を減額する。

問題4　照喜名販売に対する売掛金40,000円が貸倒れとなった。この取引を仕訳しなさい。

解　答

（借）貸　倒　損　失　　40,000　（貸）売　　掛　　金　　40,000

(2) 貸倒引当金の設定

1）貸倒れの見積もり

　貸倒れは掛売りした期間内だけではなく，次期以降に発生することもある。そこで，決算に当たり，次期以降の貸倒れを見積もり，**貸倒引当金勘定**（資産の評価勘定）に記入する。将来の貸倒れは売掛金から直接減額できないので，貸倒引当金勘定を通じて間接的に控除するのである（96頁の貸借対照表参照）。また，貸倒引当金設定の際の相手勘定は，実際に発生した貸倒れと区別し，**貸倒引当金繰入勘定**（費用）で処理する。

　前期末に計上した貸倒引当金が当期末に残っている場合は，貸倒見積額と貸倒引当金勘定残高との差額を，貸倒引当金繰入勘定と貸倒引当金勘定に記入する。逆に，貸倒引当金勘定残高が貸倒見積額を超えるときは，その分だけ貸倒引当金を減額し，**貸倒引当金戻入勘定**（収益）に記入する。このような処理方法を**差額補充法**という。

問題5　次の取引を仕訳しなさい。

① 決算に当たり，売掛金の期末残高200,000円に対して2％の貸倒れを見積もった。なお，貸倒引当金勘定の残高は3,000円である。

② 決算に当たり，売掛金の期末残高300,000円に対して2％の貸倒れを見積もった。なお，貸倒引当金勘定の残高は8,000円である。

解　答

① （借）貸 倒 引 当 金 繰 入　　1,000　（貸）貸 倒 引 当 金　　1,000
② （借）貸 倒 引 当 金　　2,000　（貸）貸 倒 引 当 金 戻 入　　2,000

解　説

① 貸倒見積額＝200,000円×2％＝4,000円

$$\text{貸倒引当金繰入・戻入} = \text{貸倒見積額} - \text{貸倒引当金勘定残高}$$
$$= 4,000円 - 3,000円 = 1,000円（繰入）$$

② 貸倒見積額 = 300,000円 × 2％ = 6,000円

　　貸倒引当金繰入・戻入 = 6,000円 - 8,000円 = △2,000円（戻入）

2）貸倒時の処理

　次期になって，貸倒引当金を計上した売掛金が貸倒れとなったときは，貸倒引当金を取り崩し，売掛金を減額する。貸倒見積額よりも実際の発生額が大きく，貸倒引当金が不足する場合は，貸倒損失勘定（費用）で処理する。

問題6 次の取引を仕訳しなさい。

① 當銘産業に対する売掛金50,000円が貸倒れとなった。ただし，この売掛金は前期発生したものであり，貸倒引当金勘定の残高は60,000円である。

② 友利物産に対する売掛金60,000円が貸倒れとなった。ただし，この売掛金は前期発生したものであり，貸倒引当金勘定の残高は45,000円である。

解　答

① （借）貸 倒 引 当 金　　　50,000　（貸）売　　　掛　　　金　　　50,000

② （借）貸 倒 引 当 金　　　45,000　（貸）売　　　掛　　　金　　　60,000

　　　　貸 倒 損 失　　　　　15,000

(3) 償却債権取立益

　貸倒れとして処理した金額の一部または全部が，後日，回収されることがある。この場合，当期に貸倒れとして処理したものは，貸倒時の処理を取り消す。また，前期以前に貸倒れとして処理したものについては，**償却債権取立益勘定**（収益）で処理する。

債権の発生時期	貸倒れの時期	回収時の処理
当 期 発 生	当 期 貸 倒 れ	貸倒損失勘定の貸方に記入し，貸倒損失の発生額を相殺する。

| 前期以前発生 | 当 期 貸 倒 れ | 貸倒引当金勘定の貸方に記入し，貸倒引当金の減少額を相殺する。 |
| 前期以前発生 | 前期以前貸倒れ | 償却債権取立益勘定の貸方に記入する。 |

問題7　次の取引を仕訳しなさい。

① 先に貸倒れとして処理した売掛金50,000円を現金で回収した。ただし，この売掛金は当期発生したものである。

② 先に貸倒れとして処理した売掛金60,000円を現金で回収した。ただし，この売掛金は前期発生したもので，貸倒時の貸倒引当金勘定の残高は80,000円であった。

③ 前期に貸倒れとして処理した売掛金70,000円を現金で回収した。

解　答

① （借）現　　　　金　　　50,000　（貸）貸　倒　損　失　　　50,000

② （借）現　　　　金　　　60,000　（貸）貸　倒　引　当　金　　60,000

③ （借）現　　　　金　　　70,000　（貸）償却債権取立益　　　70,000

解　説

① 貸倒時には，次のように仕訳している。

　（借）貸　倒　損　失　　　50,000　（貸）売　　掛　　金　　　50,000

そこで，貸倒れの取消しと売掛金の回収を仕訳し，その後，借方の売掛金50,000円と貸方の売掛金50,000円を相殺すればよい。

　（借）~~売　　掛　　金~~　　~~50,000~~　（貸）貸　倒　損　失　　　50,000

　（借）現　　　　金　　　50,000　（貸）~~売　　掛　　金~~　　~~50,000~~

② 貸倒時には，次のように仕訳している。

　（借）貸　倒　引　当　金　　60,000　（貸）売　　掛　　金　　　60,000

そこで，貸倒れの取消しと売掛金の回収を仕訳し，その後，借方の売掛金60,000円と貸方の売掛金60,000円を相殺すればよい，

　（借）~~売　　掛　　金~~　　~~60,000~~　（貸）貸　倒　引　当　金　　60,000

　（借）現　　　　金　　　60,000　（貸）~~売　　掛　　金~~　　~~60,000~~

第7章

手　　形

1　手　　形

　商品の仕入代金や売上代金の受払手段として，現金や小切手の他に手形を用いることがある。手形には，約束手形と為替手形の2種類があり，振出人（手形の作成者，手形代金の支払人）が名宛人（手形代金の受取人）に対して，一定の期日に一定の金額を支払うことを約束した手形を**約束手形**という。

（注）実務上，為替手形はほとんど使用されていないので，本章では約束手形について解説する。

2　受取手形・支払手形

　通常の営業取引によって発生した手形債権は**受取手形勘定**（資産）で処理し，手形債務は**支払手形勘定**（負債）で処理する。つまり，約束手形を受け取ったとき，手形債権が発生するので，名宛人（受取人）は受取手形勘定の借方に記入する。逆に，約束手形を振り出したとき，手形債務が発生するので，振出人は支払手形勘定の貸方に記入する。また，後日，その手形が決済されたとき，手形債権・債務は消滅するので，名宛人は受取手形勘定の貸方に，振出人は支払手形勘定の借方に記入する。

問題1　次の取引を仕訳しなさい。

　① 並里商事は鉢嶺商会に商品75,000円を販売し，代金は鉢嶺商会振出し，並里商事宛の約束手形で受け取った。

② 上記手形が満期となり，鉢嶺商会の当座預金口座から引き落とされ，並里商事
の当座預金口座へ振り込まれた。

解　答

① 並里商事：

　　（借）受　取　手　形　　　　　75,000　（貸）売　　　　　　　上　　　　　75,000

　　鉢嶺商会：

　　（借）仕　　　　　　　入　　　　　75,000　（貸）支　払　手　形　　　　　75,000

② 並里商事：

　　（借）当　座　預　金　　　　　75,000　（貸）受　取　手　形　　　　　75,000

　　鉢嶺商会：

　　（借）支　払　手　形　　　　　75,000　（貸）当　座　預　金　　　　　75,000

3　手形記入帳

手形取引の明細を記録する帳簿を**手形記入帳**という。受取手形記入帳の記入
方法は，以下のとおりである。

受取手形記入帳

日付	手形種類	番号	摘要	支払人	振出人または裏書人	振出日		満期日		支払場所	手形金額	てん末		
						月	日	月	日			月	日	摘要
①	②	③	④	⑤	⑥	⑦		⑧		⑨	⑩	⑪		

① 日　付　欄：手形を受け取った月日を記入する。

② 種　類　欄：手形の種類（約束手形・為替手形）を記入する。

③ 番　号　欄：手形番号を記入する。

④ 摘　要　欄：手形を受け取ったときの仕訳の貸方勘定科目を記入する。

⑤ 支払人欄：手形の支払人（約束手形の場合は振出人，為替手形の場合は名宛人）を記入する。

⑥ 振出人欄：手形の振出人（または裏書人）を記入する。

⑦ 振出日欄：手形の振出日を記入する。

⑧ 満期日欄：手形の満期日を記入する。

⑨ 場　所　欄：手形の支払場所を記入する。

⑩ 金　額　欄：手形の金額を記入する。

⑪ てん末欄：手形債権が消滅した月日と，その理由を記入する。

支払手形記入帳の記入方法は，受取手形記入帳とほぼ同じである。

問題2 59頁**問題1**の取引を手形記入帳に記入しなさい。ただし，手形の振出日は8月1日，手形番号は#9，支払場所は石川銀行，満期日・支払日は8月31日とする。

解　答

並里商事：

受取手形記入帳

日付		手形種類	番号	摘要	支払人	振出人または裏書人	振出日		満期日		支払場所	手形金額	てん末		
							月	日	月	日			月	日	摘要
8	1	約手	9	売　上	鉢嶺商会	鉢嶺商会	8	1	8	31	石川銀行	75,000	8	31	入　金

鉢嶺商会：

支払手形記入帳

日付		手形種類	番号	摘要	受取人	振出人	振出日		満期日		支払場所	手形金額	てん末		
							月	日	月	日			月	日	摘要
8	1	約手	9	仕　入	並里商事	当　社	8	1	8	31	石川銀行	75,000	8	31	支払い

4 電子記録債権・電子記録債務

　電子債権記録機関の記録原簿へ債権者・債務者の氏名，支払額，支払期日などの情報を電子記録（コンピュータ上へ記録）することによって発生する債権・債務を**電子記録債権・電子記録債務**という。手形と比べ，作成の手間・コストを軽減し，紛失のリスクを回避できるというメリットがある。電子記録により発生した債権は**電子記録債権勘定**（資産）で処理し，債務は**電子記録債務勘定**（負債）で処理する。

問題3 次の取引を仕訳しなさい。

① 金城商工は奥間通商から商品200,000円を仕入れ，代金は掛けとした。

② 金城商工は奥間通商に対する買掛金を支払うため，取引銀行を通じて電子債権記録機関に債務の発生記録の請求を行った。

③ 上記電子記録債務の支払期限が到来し，金城商工の当座預金口座から引き落とされ，奥間通商の当座預金口座へ振り込まれた。

解答

① 金城商工：

（借）仕　　　　　入　　200,000　（貸）買　　掛　　金　　200,000

奥間通商：

（借）売　　掛　　金　　200,000　（貸）売　　　　　上　　200,000

② 金城商工：

（借）買　　掛　　金　　200,000　（貸）電子記録債務　　200,000

奥間通商：

（借）電子記録債権　　200,000　（貸）売　　掛　　金　　200,000

③ 金城商工：

（借）電子記録債務　　200,000　（貸）当　座　預　金　　200,000

奥 間 通 商：

(借) 当 座 預 金　　　　　200,000　(貸) 電 子 記 録 債 権　　　　200,000

参　考

　電子記録債権は，債務者による発生記録の請求により電子債権記録機関が発生
記録を行うことで発生する（債務者請求方式）。債権者が発生記録の請求を行うこ
ともあるが（債権者請求方式），その際，一定期間内に債務者の承諾を得る必要が
ある。

第8章

その他の債権・債務

1　その他の債権・債務

　売上債権（売掛金・受取手形）と仕入債務（買掛金・支払手形）以外の債権・債務を**その他の債権・債務**という。

2　商品売買に伴う債権・債務

(1) 前払金・前受金

　商品などの売買を行うに当たり，あらかじめ代金の一部を受払いすることがある。前払いは商品の引渡請求権を意味するので**前払金勘定**（資産）で処理し，前受けは商品の引渡義務を意味するので**前受金勘定**（負債）で処理する。

問題 1　次の取引を仕訳しなさい。

① 黒島販売は島袋産業から商品80,000円の注文を受け，手付金として現金10,000円を受け取った。

② 黒島販売は島袋産業へ上記商品を発送し，手付金を差し引き残額は掛けとした。

解　答

① 黒島販売：

（借）現　　　　金　　10,000　（貸）前　受　金　　10,000

島袋産業：

（借）前　払　金　　10,000　（貸）現　　　　金　　10,000

② 黒 島 販 売：

| (借) | 前 受 金 | 10,000 | (貸) | 売 上 | 80,000 |
| | 売 掛 金 | 70,000 | | | |

島 袋 産 業：

| (借) | 仕 入 | 80,000 | (貸) | 前 払 金 | 10,000 |
| | | | | 買 掛 金 | 70,000 |

(2) 受取商品券

　商品の代金を商店街が発行した商品券や，お米券・ビール券などで受け取ることがある。これらの商品券はいずれ精算・換金されるので，**受取商品券勘定（資産）** で処理する。

問題2　次の取引を仕訳しなさい。

① 商品130,000円を販売し，代金のうち100,000円は商店街発行の商品券で受け取り，残額は現金で受け取った。

② 上記商品券を精算し，現金100,000円を受け取った。

[解 答]

①	(借)	受 取 商 品 券	100,000	(貸)	売 上	130,000
		現 金	30,000			
②	(借)	現 金	100,000	(貸)	受 取 商 品 券	100,000

3　それ以外の債権・債務

(1) 未収入金・未払金

　固定資産の購入・売却など，商品売買取引以外の取引によって発生した債権は，売掛金と区別して**未収入金勘定**（資産）で処理し，債務は買掛金と区別して**未払金勘定**（負債）で処理する。

問題3　次の取引を仕訳しなさい。

① 諸喜田物産は駐車場として使用していた土地（帳簿価額15,000,000円）を新垣商事に同額で売却し，代金は月末に受け取ることにした。なお，諸喜田物産，新垣商事ともに商品売買業を営んでいる。

② 新垣商事は上記土地の代金を小切手を振り出して支払った。

解　答

① 諸喜田物産：

　　（借）未　収　入　金　　15,000,000　　（貸）土　　　　　　地　　15,000,000

　　新　垣　商　事：

　　（借）土　　　　　　地　　15,000,000　　（貸）未　　払　　金　　15,000,000

② 諸喜田物産：

　　（借）現　　　　　　金　　15,000,000　　（貸）未　収　入　金　　15,000,000

　　新　垣　商　事：

　　（借）未　　払　　金　　15,000,000　　（貸）当　座　預　金　　15,000,000

(2) 立替金・預り金

　取引先や役員・従業員が負担すべき金額を一時的に立て替えて支払ったときは**立替金勘定**（資産）で処理し，一時的に金銭を預かったときは**預り金勘定**（負債）で処理する。

　従業員に対する立替金・預り金は，取引先に対する立替金・預り金と区別するため，従業員立替金勘定，従業員預り金勘定で処理することがある。また，従業員の給料に対して課税される税金や，従業員が負担すべき健康保険料や厚生年金などの社会保険料を預かったとき，その内容を明らかにするため，所得税預り金勘定，住民税預り金勘定，社会保険料預り金勘定を用いることもある。

　なお，社会保険料は従業員と会社の双方が負担するが，会社負担分は**法定福利費勘定**（費用）で処理する。

問題4 次の取引を仕訳しなさい。

① 従業員の生命保険料12,000円を現金で立替払いした。

② 当月分給料230,000円の支払いに当たり，上記立替金12,000円，源泉所得税23,000円，社会保険料11,000円を差し引き，残額を現金で支給した。

③ 従業員の給料から差し引いた所得税23,000円を現金で納付した。

④ 従業員の給料から差し引いた社会保険料11,000円と，保険料の会社負担分11,000円を現金で支払った。

解　答

①	（借）従 業 員 立 替 金	12,000	（貸）現　　　　　金	12,000
②	（借）給　　　　　料	230,000	（貸）従 業 員 立 替 金	12,000
			所 得 税 預 り 金	23,000
			社会保険料預り金	11,000
			現　　　　　金	184,000
③	（借）所 得 税 預 り 金	23,000	（貸）現　　　　　金	23,000
④	（借）社会保険料預り金	11,000	（貸）現　　　　　金	22,000
	法 定 福 利 費	11,000		

(3) 貸付金・借入金

1) 貸付金・借入金

金銭の貸借によって発生した債権は**貸付金勘定**（資産）で処理し，債務は**借入金勘定**（負債）で処理する。立替金・預り金と同じように，従業員や役員に対する貸付金は，従業員貸付金勘定，役員貸付金勘定で処理し，役員からの借入金は役員借入金勘定で処理することもある。

なお，貸付けに対して受け取った利息は**受取利息勘定**（収益）で処理し，借入れに対して支払った利息は**支払利息勘定**（費用）で処理する。

問題5 次の取引を仕訳しなさい。

① 末吉商会は多和田商工に貸付期間9か月，利率年2％，利息は貸付期間満了時

に受け取る約束で，現金300,000円を貸し付け，借用証書を受け取った。

② 上記貸付金の満期日が到来し，末吉商会は利息とともに多和田商工振出しの小切手で返済を受けた。

解　答

① 末 吉 商 会：

（借）貸　　付　　金　　　300,000　（貸）現　　　　　　金　　　300,000

多和田商工：

（借）現　　　　　　金　　　300,000　（貸）借　　入　　金　　　300,000

② 末 吉 商 会：

（借）現　　　　　　金　　　304,500　（貸）貸　　付　　金　　　300,000

受　取　利　息　　　　4,500

多和田商工：

（借）借　　入　　金　　　300,000　（貸）当　座　預　金　　　304,500

支　払　利　息　　　　4,500

解　説

② 受取利息・支払利息 $= 300{,}000円 \times 2\% \times \dfrac{9か月}{12か月} = 4{,}500円$

参　考

利息を貸付時に受け取ることもあり，その場合，利息を差し引いた残額を貸し付ける。上記①で，利息が先払いだったときの仕訳は，以下のとおりである。

① 末 吉 商 会：

（借）貸　　付　　金　　　300,000　（貸）現　　　　　　金　　　295,500

受　取　利　息　　　　4,500

多和田商工：

（借）現　　　　　　金　　　295,500　（貸）借　　入　　金　　　300,000

支　払　利　息　　　　4,500

2）手形貸付け・手形借入れ

借用証書の代わりに約束手形を利用して，金銭の貸借を行うことがある。これを**手形貸付け・手形借入れ**という。手形貸付けを行ったときは，通常の営業取引で用いられる手形と区別して，**手形貸付金勘定**（資産）で処理し，手形借入れを行ったときは**手形借入金勘定**（負債）で処理する。

問題6　次の取引を仕訳しなさい。

① 翁長通商は金城販売から現金100,000円を借り入れ，同額の約束手形を振り出した。

② 上記借入金の返済期日が到来したので，利息5,000円とともに翁長通商の当座預金口座から引き落とされ，金城販売の当座預金口座へ振り込まれた。

解　答

① 翁 長 通 商：

（借）現　　　　　　金　　　100,000　（貸）手 形 借 入 金　　　100,000

金 城 販 売：

（借）手 形 貸 付 金　　　100,000　（貸）現　　　　　　金　　　100,000

② 翁 長 通 商：

（借）手 形 借 入 金　　　100,000　（貸）当 座 預 金　　　105,000

　　支 払 利 息　　　　5,000

金 城 販 売：

（借）当 座 預 金　　　105,000　（貸）手 形 貸 付 金　　　100,000

　　　　　　　　　　　　　　　　　　　受 取 利 息　　　　5,000

（4）仮払金・仮受金

現金などの受払いはあったが，これを処理する勘定科目または金額が未確定の場合，出金は**仮払金勘定**（資産）で処理し，入金は**仮受金勘定**（負債）で処理する。

仮払金勘定・仮受金勘定は，あくまでも一時的な処理を行うための勘定であり，後日，記入すべき勘定科目または金額が確定した時点で，それぞれ適当な

勘定へ振り替える。

問題7　次の取引を仕訳しなさい。

① 従業員の出張に当たり，旅費概算100,000円を現金で前渡しした。

② 出張中の従業員から40,000円の当座振込みがあったが，その内容は不明である。

③ 従業員が帰店し，旅費を精算して残額22,000円を現金で受け取った。また，先の内容不明の送金40,000円は売掛金の回収額であることが判明した。

解　答

① （借）仮　　払　　金	100,000	（貸）現　　　　　金	100,000		
② （借）当　座　預　金	40,000	（貸）仮　　受　　金	40,000		
③ （借）旅　費　交　通　費	78,000	（貸）仮　　払　　金	100,000		
現　　　　　金	22,000				
（借）仮　　受　　金	40,000	（貸）売　　掛　　金	40,000		

参　考

Suica や PASMO などの IC カードへの入金（チャージ）も仮払金勘定で処理する。例えば，IC カードに現金10,000円を入金したときは，

　　　（借）仮　　払　　金　　　　10,000　（貸）現　　　　　金　　　　10,000

と仕訳する。この IC カードから，電車代3,000円と筆記用具1,000円を支払ったときの仕訳は，以下のとおりである。

　　　（借）旅　費　交　通　費　　　3,000　（貸）仮　　払　　金　　　　4,000
　　　　　　消　耗　品　費　　　　　1,000

(5) 差入保証金

不動産を賃借する際に支払う敷金のように，取引や賃貸借契約に当たり担保として差し入れる現金を差入保証金という。保証金は契約終了後に返還されるので，**差入保証金勘定**（資産）で処理する。

問題8 次の取引を仕訳しなさい。

① 店舗の賃借に当たり，今月分の家賃50,000円に加え，敷金100,000円，不動産会社への仲介手数料50,000円を普通預金口座から支払った。

② 店舗の賃貸契約を解約した。契約時に支払った敷金100,000円については，原状回復のための費用30,000円が差し引かれた残額が普通預金口座へ振り込まれた。

解　答

① (借) 支 払 家 賃　　　　50,000　(貸) 普 通 預 金　　　200,000
　　　差 入 保 証 金　　　100,000
　　　支 払 手 数 料　　　 50,000
② (借) 修　　繕　　費　　　30,000　(貸) 差 入 保 証 金　　　100,000
　　　普 通 預 金　　　　　70,000

第9章

固定資産

1 有形固定資産

　企業の経営活動のために長期間使用・保有される資産を**固定資産**といい，固定資産のうち，具体的形態をもつものを**有形固定資産**という。

備　　　品	机・椅子，パソコン，コピー機など
車両運搬具	オートバイ，自動車などの車両
建　　　物	店舗，事務所，工場など
土　　　地	店舗，事務所，工場などの敷地

2 有形固定資産の取得

(1) 有形固定資産の取得

　有形固定資産を取得したときは，買入価額に買入手数料，引取運賃，登記料，整地費用，据付費用，試運転費用などの付随費用を加算した金額を取得原価とする。

問題1 パソコン5台（@100,000円）を購入し，代金は月末に支払うことにした。また，据付費50,000円は現金で支払った。この取引を仕訳しなさい。

解　答

（借）備	品	550,000	（貸）未	払	金	500,000
			現		金	50,000

(2) 修繕と改良

　備品や車両などの有形固定資産を取得した後，その機能を維持・回復させるための支出は，**修繕費勘定**（費用）で処理する。また，固定資産の性能を増加させたり，耐用年数（固定資産の利用可能年数）を延長させるなど，改良に要した支出は，固定資産の取得原価（帳簿価額）に算入する。

問題2　車両の定期点検と改良を行い，代金200,000円を現金で支払った。このうち，150,000円は改良のための支出である。この取引を仕訳しなさい。

[解　答]

（借）車 両 運 搬 具	150,000	（貸）現　　　　　金	200,000
修　　繕　　費	50,000		

3　減 価 償 却

(1) 減価償却

　有形固定資産は使用や時の経過によって，次第にその価値が減少（減価）していく。このような固定資産の減価に対応して，その取得原価を耐用年数にわたって費用として配分する手続を**減価償却**といい，減価償却によって各期間に配分された金額は**減価償却費勘定**（費用）で処理する。

(2) 減価償却の計算方法――定額法

　取得原価から残存価額（耐用年数が経過した後の固定資産の処分可能価額）を控除した金額（要償却額）を耐用年数で割って，毎期，均等額を減価償却費とする方法を**定額法**という。

$$減価償却費 = \frac{取得原価 - 残存価額}{耐用年数}$$

　期中に取得した固定資産については，取得日から決算日までの減価償却費を

月割計上する。また，月次決算（**第26章**で解説する）を行う場合，１年分の減価償却費を見積もり，その12分の１を毎月末に計上する。

(3) 減価償却の記帳方法——間接法

償却額を減価償却費勘定の借方に記入するとともに，**減価償却累計額勘定**（資産の評価勘定）の貸方に記入する方法を**間接法**という。固定資産の勘定は取得原価のまま据え置かれ，減価償却累計額勘定を通じて，償却額は間接的に控除される（96頁の貸借対照表参照）。

問題3 決算に当たり，当期首に550,000円で取得したパソコンについて，定額法（残存価額55,000円，耐用年数５年）による減価償却を行った。この取引を仕訳しなさい。

解　答

（借）減 価 償 却 費　　　　99,000　（貸）備品減価償却累計額　　　　99,000

解　説

$$減価償却費 = \frac{550,000円 - 55,000円}{5 年} = 99,000円$$

4　有形固定資産の売却

有形固定資産を売却したときは，その帳簿価額を減額し，売却価額と売却時の帳簿価額との差額を**固定資産売却益勘定**（売却価額＞帳簿価額，収益）または**固定資産売却損勘定**（売却価額＜帳簿価額，費用）で処理する。

問題4 次の取引を仕訳しなさい。ただし，パソコンの減価償却は定額法，記帳方法は間接法を用いている。なお，会計期間は１月１日から12月31日である。

① X5年1月1日に，パソコン（X1年1月1日取得，取得原価550,000円，残存価額55,000円，耐用年数5年）を100,000円で売却し，代金は現金で受け取った。

② 上記①で，X5年4月30日に60,000円で売却した場合。

解 答

① （借）現　　　　　金　　100,000　（貸）備　　　　　品　　550,000

　　　　備品減価償却累計額　　396,000

　　　　固定資産売却損　　　54,000

② （借）現　　　　　金　　 60,000　（貸）備　　　　　品　　550,000

　　　　備品減価償却累計額　　396,000

　　　　減 価 償 却 費　　 33,000

　　　　固 定 資 産 売 却 損　　 61,000

解 説

① 備品減価償却累計額 $= \dfrac{550,000円 - 55,000円}{5年} \times 4年$ （X1/1/1～X4/12/31）

$$= 396,000円$$

帳簿価額 = 取得原価 − 減価償却累計額 = 550,000円 − 396,000円 = 154,000円

固定資産売却損益 = 売却価額 − 帳簿価額

$$= 100,000円 - 154,000円 = △54,000円 （売却損）$$

② 減価償却費 $= \dfrac{550,000円 - 55,000円}{5年} \times \dfrac{4か月 （1/1～4/30）}{12か月} = 33,000円$

帳簿価額 = 550,000円 − (396,000円 + 33,000円) = 121,000円

固定資産売却損益 = 60,000円 − 121,000円 = △61,000円 （売却損）

5 　固定資産台帳

固定資産の種類ごとに，その明細を記録する帳簿を**固定資産台帳**といい，取

得日，名称，数量（面積），取得原価，減価償却累計額，帳簿価額などを記入する。財産管理を徹底するためには，この他にも，固定資産管理番号，設置場所，管理部署などを記載することが望ましい。

問題5 以下の資料に基づき，固定資産台帳（X4年3月31日現在）を作成しなさい。ただし，減価償却は定額法（残存価額は取得原価の10％），記帳方法は間接法を用いている。なお，会計期間は4月1日から3月31日である。

〔**資料**〕当社が保有する固定資産（一部）

　　　備品A（5個）：X1年4月1日取得，取得原価500,000円，耐用年数6年

　　　備品B（1個）：X3年11月1日取得，取得原価120,000円，耐用年数4年

解　答

固定資産台帳　　　　　　　X4年3月31日現在

取得日	名称	数量	耐用年数	期首（期中取得）取得原価	期首減価償却累計額	差引期首（期中取得）帳簿価額	当期減価償却費
備品							
X1.4.1	備品A	5	6年	500,000	150,000	350,000	75,000
X3.11.1	備品B	1	4年	120,000	0	120,000	11,250
小計				620,000	150,000	470,000	86,250

解　説

$$備品Aの期首減価償却累計額＝\frac{500,000円－50,000円}{6年}×2年＝150,000円$$

$$備品Bの減価償却費＝\frac{120,000円－12,000円}{4年}×\frac{5か月}{12か月}＝11,250円$$

第10章

純　資　産

1　株式会社の設立・増資

(1) 株式会社

　株式を発行することによって，多額の資金を調達して営む企業形態を**株式会社**という。株主は多数存在し，その居住地も様々で，しかも株主が必ずしも経営能力を有するわけではないので，株式会社の経営は取締役（会）が行う。ただし，組織変更や貸借対照表・損益計算書の承認など，重要事項については，株主総会の決議によって決定する。

　また，株式会社は株主，債権者，取引先など，多種多様な利害関係者をもち，その会計はこれらの人々に大きな影響を与えるので，株式会社の会計は会社法によって規制される。

(2) 株式会社の設立・増資

　会社設立に当たり株式を発行したときは，株主からの払込金額の全額を**資本金勘定**（純資産）で処理する。

　会社設立後，資本金を増加させることを**増資**という。新株を発行し，増資したときも，設立時と同じように払込金額の全額を資本金とする。

問題1　次の取引を仕訳しなさい。

① 会社設立に当たり，株式100株を1株当たり5,000円で発行し，払込金を当座預金とした。

② 増資に当たり，20株を1株当たり6,000円で発行し，払込金を当座預金とした。

解　答

① （借）当 座 預 金　　　500,000　（貸）資　　本　　金　　　500,000
② （借）当 座 預 金　　　120,000　（貸）資　　本　　金　　　120,000

2　配当金の支払い

　繰越利益剰余金勘定で繰り越された利益（28頁参照）は，株主総会の決議によって，株主へ配分される。株主への配当金は**未払配当金勘定**（負債）で処理する。

　株主へ配当を行う場合，会社は会社法の規定によって，一定額を会社内に積み立てることが義務づけられている。積立額は**利益準備金勘定**（純資産）に記入する。

問題2　次の取引を仕訳しなさい。

① 決算に当たり，当期純利益300,000円を計上した。
② 株主総会において，繰越利益剰余金を次のように処分することを決議した。

　　　配当金：250,000円，利益準備金：25,000円

③ 上記配当金を現金で支払った。

解　答

① （借）損　　　　　益　　　300,000　（貸）繰越利益剰余金　　　300,000
② （借）繰越利益剰余金　　　275,000　（貸）未 払 配 当 金　　　250,000
　　　　　　　　　　　　　　　　　　　　　利 益 準 備 金　　　　25,000
③ （借）未 払 配 当 金　　　250,000　（貸）現　　　　　金　　　250,000

第11章

税 金

1 法人税等

(1) 税金

株式会社が支払う税金には，法人税，印紙税，消費税などの**国税**と，住民税，事業税，固定資産税などの**地方税**がある。

国 税	法 人 税	株式会社の課税所得に対して課される税金
	印 紙 税	契約書，領収書，手形などの課税文書に対して課される税金
	消 費 税	商品などの消費という事実に対して課される税金
地方税	住 民 税	地方自治体の行政サービスを受けているという事実に対して課される税金
	事 業 税	事業を行っているという事実に対して課される税金
	固定資産税	所有している固定資産に対して課される税金

(2) 法人税等

法人税，住民税，事業税は会社の所得を課税対象とする税金なので，これらを一括して**法人税等**という。

会社は会計期間が半年経過した日から2か月以内に中間申告を行い，前年度の法人税等の2分の1（または中間決算に基づいて計算した半年分の法人税等）を納付する。中間納付額は**仮払法人税等勘定**（資産）で処理しておき，決算に基づいて税額が確定したときに，その金額を**法人税，住民税及び事業税勘定**（費用）に記入する。また，中間納付額と確定税額との差額は**未払法人税等勘定**（負債）で処理する。

問題1 次の取引を仕訳しなさい。

① 法人税等の中間申告を行い，125,000円を現金で納付した。

② 決算に当たり，当期の法人税等280,000円を計上した。

③ 確定申告を行い，中間納税額を差し引いた残りの税額を現金で納付した。

[解答]

①	（借）仮 払 法 人 税 等	125,000	（貸）現	金	125,000			
②	（借）法人税,住民税及び事業税	280,000	（貸）仮 払 法 人 税 等		125,000			
			未 払 法 人 税 等		155,000			
③	（借）未 払 法 人 税 等	155,000	（貸）現	金	155,000			

[参考]

　企業の業務との関連で加入している業界団体，商工会議所などに支払う年会費・組合費は，**諸会費勘定**（費用）で処理する。

2　固定資産税・印紙税・消費税

(1) 固定資産税・印紙税

　固定資産税は納付したときに，また，印紙税は収入印紙を購入したときに**租税公課勘定**（費用）で処理する。

問題2 次の取引を仕訳しなさい。

① 固定資産税の納税通知書60,000円を受け取り，現金で納付した。

② 収入印紙100枚（@200円）を購入し，代金は現金で支払った。

[解答]

①	（借）租　税　公　課	60,000	（貸）現	金	60,000
②	（借）租　税　公　課	20,000	（貸）現	金	20,000

(2) 消費税——税抜方式

消費税は商品・サービスの販売価格に上乗せされるから，消費者が最終的に負担するものであるが，税の徴収・納付は商品・サービスを販売・提供する企業が行う。

消費税を支払ったときは**仮払消費税勘定**（資産）に，消費税を受け取ったときは**仮受消費税勘定**（負債）に記入しておき，期末に両者の差額を**未払消費税勘定**（仮払消費税＜仮受消費税，負債）または**未収消費税勘定**（仮払消費税＞仮受消費税，資産）で処理する。このような処理方法を**税抜方式**という。

問題3　次の取引を仕訳しなさい。

① 商品50,000円を仕入れ，10%の消費税を含めて代金は小切手を振り出して支払った。

② 商品100,000円を販売し，10%の消費税を含めて代金は現金で受け取った。

③ 決算に当たり，納付すべき消費税額を計上した。なお，当期中の仮払消費税額は100,000円，仮受消費税額は160,000円である。

④ 確定申告を行い，上記③で計算した消費税額を現金で納付した。

⑤ 上記③で，仮受消費税額が80,000円だった場合。

[解答]

① （借）仕　　　　入　　　50,000　（貸）当　座　預　金　　　55,000
　　　　仮 払 消 費 税　　　 5,000

② （借）現　　　　金　　　110,000　（貸）売　　　　　上　　　100,000
　　　　　　　　　　　　　　　　　　　　仮 受 消 費 税　　　 10,000

③ （借）仮 受 消 費 税　　　160,000　（貸）仮 払 消 費 税　　　100,000
　　　　　　　　　　　　　　　　　　　　未 払 消 費 税　　　 60,000

④ （借）未 払 消 費 税　　　 60,000　（貸）現　　　　　金　　　 60,000

⑤ （借）仮 受 消 費 税　　　 80,000　（貸）仮 払 消 費 税　　　100,000
　　　　未 収 消 費 税　　　 20,000

第12章

決　　算

1　決算整理

　第3章で学んだように，決算は総勘定元帳の勘定記録に基づいて行われる。しかし，これらの勘定記録は期中における取引を記帳したものに過ぎず，資産・負債・純資産の各勘定の中には，期末現在の実際有高を表していないものがある。また，収益・費用の各勘定の中にもその期間の発生額を示していないものがある。

　そこで，決算に当たり，勘定記録を修正して，各勘定残高が正しい有高または発生額を表すようにしなければならない。この手続を**決算整理**といい，そのために必要な仕訳を**決算整理仕訳**と呼ぶ。

　主な決算整理事項のうち，現金過不足の処理（38頁），当座借越の振替（41頁），貸倒引当金の設定（56頁），減価償却（73頁），法人税等の計上（79頁），消費税の処理（81頁）についてはすでに取り上げたので，以下，三分法における売上原価の算定，費用・収益の前払い・前受けと未払い・未収，貯蔵品の処理を解説する。

2　売上原価の算定

　商品売買取引を三分法で処理している場合，決算に当たり，その期間に販売した商品すべてについて一括して売買益（**売上総利益**という）を計算する。売上総利益は売上高から売上原価を控除することによって求められる。

　　売上総利益＝売上高−売上原価

売上原価とはその期間に販売した商品の仕入原価であり，以下の算式に基づいて計算する。

　　売上原価＝期首商品棚卸高＋当期仕入高－期末商品棚卸高

　売上原価の計算は，通常，仕入勘定（費用）で行われる。その場合，まず，繰越商品勘定（資産）の借方に記入されている期首商品棚卸高を仕入勘定の借方へ振り替える。次のように仕訳すればよい。

　①（借）仕　　　　　　　入　　×××（貸）繰　越　商　品　　×××

　次に，以下のように仕訳し，期末商品棚卸高を仕入勘定の貸方と繰越商品勘定の借方に記入する。

　②（借）繰　越　商　品　　×××（貸）仕　　　　　　　入　　×××

問題1　次の資料に基づき，決算日に必要な仕訳を行いなさい。

期首商品棚卸高　100,000円，当期商品仕入高　700,000円

期末商品棚卸高　150,000円

解　答

　（借）仕　　　　　　　入　　100,000（貸）繰　越　商　品　　100,000

　（借）繰　越　商　品　　150,000（貸）仕　　　　　　　入　　150,000

解　説

　上記仕訳に基づく勘定記録を示せば，以下のとおりである。

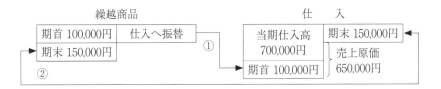

　①の仕訳を行い，これを転記することにより，仕入勘定で期首商品棚卸高と当期仕入高が合算される。また，②の仕訳と転記によって，その合計額から期末商品棚卸高が控除され，その結果，仕入勘定の借方残高が売上原価を表すことになる。

期首商品棚卸高＋当期仕入高－期末商品棚卸高＝売上原価

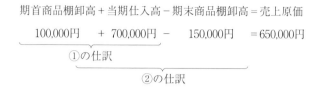

別　解

　　売上原価勘定（費用）を新たに設け，そこで売上原価の計算を行うこともある。この方法で**問題1**を処理すれば，以下のとおりである。

① （借）売　上　原　価　　　100,000　（貸）繰　越　商　品　　　100,000

② （借）売　上　原　価　　　700,000　（貸）仕　　　　　入　　　700,000

③ （借）繰　越　商　品　　　150,000　（貸）売　上　原　価　　　150,000

	繰越商品	
期首 100,000円	売上原価へ振替	
期末 150,000円		

	売上原価	
期首 100,000円	期末 150,000円	
当期仕入高 700,000円	売上原価 650,000円	

	仕　　入	
当期仕入高 700,000円	売上原価へ振替	

3　費用・収益の前払い・前受けと未払い・未収

(1) 費用の前払い

　　支払家賃や支払保険料など，費用として支払った金額に次期以降の費用となる分（前払分）が含まれている場合は，前払分を費用の勘定の貸方に記入（費用勘定の残高から控除）するとともに，前払家賃勘定・前払保険料勘定など資産の勘定（これらを**前払費用**という）の借方に記入する。

　　前払費用は次期に費用となるものなので，次期の最初の日付（決算日の翌日）でもとの費用の勘定へ振り替える。これを**再振替**といい，そのための仕訳を**再**

振替仕訳と呼ぶ。

(2) 収益の前受け

受取家賃や受取地代など，収益として受け取った金額に次期以降の収益となる分（前受分）が含まれている場合は，前受分を収益の勘定の借方に記入（収益勘定の残高から控除）するとともに，前受家賃勘定・前受地代勘定など負債の勘定（これらを**前受収益**という）の貸方に記入する。

前受収益も前払費用と同じように，次期の最初の日付でもとの収益の勘定へ振り替える。

問題2 次の取引を仕訳しなさい。

① 7月1日，安良城産業は伊佐物産と事務所用建物の賃貸契約を結び，1年分の家賃600,000円を小切手を振り出して支払った。

② 3月31日，決算に当たり，家賃の前払分・前受分を計上した。

③ 4月1日，前払家賃を支払家賃勘定へ，前受家賃を受取家賃勘定へ振り替えた。

解 答

① 安良城産業：

(借) 支 払 家 賃 　　　600,000 (貸) 当 座 預 金 　　　600,000

伊佐物産：

(借) 現　　　　金 　　　600,000 (貸) 受 取 家 賃 　　　600,000

② 安良城産業：

(借) 前 払 家 賃 　　　150,000 (貸) 支 払 家 賃 　　　150,000

伊佐物産：

(借) 受 取 家 賃 　　　150,000 (貸) 前 受 家 賃 　　　150,000

③ 安良城産業：

(借) 支 払 家 賃 　　　150,000 (貸) 前 払 家 賃 　　　150,000

伊佐物産：

(借) 前 受 家 賃 　　　150,000 (貸) 受 取 家 賃 　　　150,000

解　説

② 前払家賃・前受家賃 $= 600,000円 \times \dfrac{3か月 （4/1 \sim 6/30）}{12か月} = 150,000円$

(3) 費用の未払い

　支払家賃や支払保険料などの費用で，まだ支払っていないために記録されていないが，当期の費用としてすでに発生している分（未払分）がある場合は，未払分を費用の勘定の借方に記入（費用勘定の残高に加算）するとともに，未払家賃勘定・未払保険料勘定など負債の勘定（これらを**未払費用**という）の貸方に記入する。

　未払費用は次期の最初の日付でもとの費用の勘定へ振り替える。次期に支払ったとき，それを前期分（未払分）の支払いと当期分の支払いに区分する手間を省くためである。

(4) 収益の未収

　受取家賃や受取地代などの収益で，まだ受け取っていないために記録されていないが，当期の収益としてすでに発生している分（未収分）がある場合は，未収分を収益の勘定の貸方に記入（収益勘定の残高に加算）するとともに，未収家賃勘定・未収地代勘定など資産の勘定（これらを**未収収益**という）の借方に記入する。

　未収収益も未払費用と同じように，次期の最初の日付でもとの収益の勘定へ振り替える。

問題3　次の取引を仕訳しなさい。

① 11月1日，上地商事は上原商会から借入期間1年，利率年6％，利息は借入期間満了時に支払う約束で，現金1,000,000円を借り入れた。

② 3月31日，決算に当たり，利息の未払分・未収分を計上した。

③ 4月1日，未払利息を支払利息勘定へ，未収利息を受取利息勘定へ振り替えた。

④ 10月31日，上記借入金の返済期日が到来したので，上地商事は利息とともに小

切手を振り出して返済した。

解答

① 上地商事：

(借) 現　　　　　金　　1,000,000　(貸) 借　　入　　金　　1,000,000

上原商会：

(借) 貸　付　　金　　1,000,000　(貸) 現　　　　　金　　1,000,000

② 上地商事：

(借) 支　払　利　息　　　25,000　(貸) 未　払　利　息　　　25,000

上原商会：

(借) 未　収　利　息　　　25,000　(貸) 受　取　利　息　　　25,000

③ 上地商事：

(借) 未　払　利　息　　　25,000　(貸) 支　払　利　息　　　25,000

上原商会：

(借) 受　取　利　息　　　25000　(貸) 未　収　利　息　　　25,000

④ 上地商事：

(借) 借　　入　　金　　1,000,000　(貸) 当　座　預　金　　1,060,000

　　　支　払　利　息　　　60,000

上原商会：

(借) 現　　　　　金　　1,060,000　(貸) 貸　付　　金　　1,000,000

　　　　　　　　　　　　　　　　　　　受　取　利　息　　　60,000

解説

② 未払利息・未収利息 = 1,000,000円 × 6 % × $\dfrac{5\text{か月 (11/1～3/31)}}{12\text{か月}}$ = 25,000円

(5) 貯蔵品の処理

　期末に郵便切手や収入印紙が未使用のまま残ってしまう場合がある。これらは換金性が高いので，財産管理を厳密に行うため，決算日に通信費勘定（費用）

や租税公課勘定（費用）から**貯蔵品勘定**（資産）へ振り替える。

　貯蔵品は次期に費用となるものなので，前払費用と同じように，次期の最初の日付でもとの費用の勘定へ振り替える。

問題4　次の取引を仕訳しなさい。

① 3月1日，郵便切手20,000円と収入印紙30,000円を購入し，代金は現金で支払った。

② 3月31日，決算を迎えた。未使用の郵便切手が7,000円，未使用の収入印紙が8,000円あった。

③ 4月1日，貯蔵品をそれぞれ適切な勘定へ振り替えた。

解　答

①	（借）通　　信　　費	20,000	（貸）現　　　　　金	50,000
	租　税　公　課	30,000		
②	（借）貯　　蔵　　品	15,000	（貸）通　　信　　費	7,000
			租　税　公　課	8,000
③	（借）通　　信　　費	7,000	（貸）貯　　蔵　　品	15,000
	租　税　公　課	8,000		

参　考

　ボールペンやコピー用紙など，短期的に消費されるものを消耗品といい，消耗品を買い入れたときは**消耗品費勘定**（費用）で処理する。期末に未使用高があっても，切手・収入印紙とは違い換金性に欠けるので，通常，資産へは振り替えない。

4　棚　卸　表

決算整理事項をまとめた一覧表を**棚卸表**といい，これに基づき，決算整理仕

訳を行う。その一例を示せば，以下のとおりである。

棚卸表
X3年3月31日

勘定科目	摘　要	内　訳	金　額
売 掛 金	期末残高	100,000	
	貸倒見積額　期末残高に対して2％	2,000	98,000
繰越商品	A商品　20個　@1,000円	20,000	
	B商品　30個　@1,200円	36,000	56,000
備　品	机・椅子　取得原価	200,000	
	減価償却累計額	72,000	
	当期減価償却費	36,000	92,000

5 精算表

　残高試算表を基に決算整理仕訳を行い，貸借対照表と損益計算書を作成する過程を一枚の表にまとめたものを**精算表**という。精算表は決算手続の中で必要不可欠のものではないが，決算の正確性を期すため，その参考資料として作成する。

　精算表の作成手順は，以下のとおりである。

① 残高試算表欄に，各勘定の残高を記入する。

② 整理記入欄に，決算整理仕訳を記入する。勘定科目は精算表の左側にあるので，金額のみを記入する。決算で新たに生じた勘定科目は追加して記入し，整理記入欄の借方・貸方合計額が一致することを確認して締め切る。

③ 損益計算書欄に，収益・費用に属する勘定科目の金額を書き移す。ただし，整理記入が行われている場合，残高試算表の金額と整理記入欄の金額が同じ側にあれば加算し，反対側にあれば減算する。

④ 貸借対照表欄に，資産・負債・純資産に属する勘定科目の金額を書き移す。ただし，整理記入が行われている場合，残高試算表の金額と整理記入欄の

金額が同じ側にあれば加算し，反対側にあれば減算する。

⑤ 損益計算書欄と貸借対照表欄の貸借差額を計算し，その差額を合計額の少ない側に当期純利益（または当期純損失）として記入する。

⑥ 損益計算書欄と貸借対照表欄の借方・貸方合計額が一致することを確認して締め切る。

精　算　表

勘定科目	残高試算表		整理記入		損益計算書		貸借対照表	
	借方	貸方	借方	貸方	借方	貸方	借方	貸方
資　　産	××						▶××	
〃	××		××		(＋)		▶××	
〃	××			××	(－)		▶××	
負　　債		××						▶××
〃		××	××			(－)		▶××
〃		××		××		(＋)		▶××
純　資　産		××						▶××
収　　益		××				▶××		
〃		××	××			(－)▶××		
〃		××		××		(＋)▶××		
費　　用	××				▶××			
〃	××		××	(＋)	▶××			
〃	××		(－)	××	▶××			
	××	××						
資　　産			××				▶××	
負　　債				××				▶××
収　　益				××		▶××		
費　　用			××		▶××			
当期純利益					××			××
			××	××	××	××	××	××

問題5 次の資料に基づき，精算表を作成しなさい。なお，会計期間はX3年4月1日からX4年3月31日までの1年間である。

〔**資料1**〕決算整理前残高試算表

決算整理前残高試算表
X4年3月31日

借　方	勘定科目	貸　方
21,000	現　　　　　金	
150,000	売　掛　金	
36,000	繰　越　商　品	
2,000	仮　払　法　人　税　等	
80,000	備　　　　　品	
200,000	土　　　　　地	
	買　掛　金	110,000
	借　入　金	100,000
	貸　倒　引　当　金	3,000
	備品減価償却累計額	18,000
	資　本　金	225,000
	繰越利益剰余金	15,000
	売　　　　　上	510,000
	受　取　手　数　料	13,000
300,000	仕　　　　　入	
132,000	給　　　　　料	
60,000	支　払　家　賃	
10,000	通　信　費	
3,000	支　払　利　息	
994,000		994,000

〔**資料2**〕決算整理事項

① 現金の実際有高は20,000円であった。

② 売掛金の期末残高に対して，4％の貸倒れを見積もる。貸倒引当金の設定は差

　　額補充法による。

③ 期末商品棚卸高は39,000円である。売上原価の計算は「仕入」の行で行う。

④ 備品について，定額法による減価償却を行う。ただし，備品の残存価額は取得原価の10%，耐用年数は8年である。

⑤ 借入金はX3年6月1日に，借入期間1年，利率年6％で借り入れたもので，利息は5月末日と11月末日に各半年分を支払うことになっている。利息は月割計算による。

⑥ 受取手数料の未収分が8,000円ある。

⑦ 今月の給料12,000円が未払いである。

⑧ 家賃60,000円は，X3年6月1日に向こう1年分を前払いしたものである。

⑨ 未使用の郵便切手が4,000円あった。

⑩ 税引前当期純利益の30％に当たる4,800円を「法人税，住民税及び事業税」に計上する。なお，仮払法人税等は中間納付額を計上したものである。

解答

精算表

勘定科目	残高試算表 借方	残高試算表 貸方	整理記入 借方	整理記入 貸方	損益計算書 借方	損益計算書 貸方	貸借対照表 借方	貸借対照表 貸方
現　　　　　金	21,000			1,000			20,000	
売　　掛　　金	150,000						150,000	
繰　越　商　品	36,000		39,000	36,000			39,000	
仮払法人税等	2,000			2,000				
備　　　　　品	80,000						80,000	
土　　　　　地	200,000						200,000	
買　　掛　　金		110,000						110,000
借　　入　　金		100,000						100,000
貸倒引当金		3,000		3,000				6,000
備品減価償却累計額		18,000		9,000				27,000
資　　本　　金		225,000						225,000

勘定科目	残高試算表 借方	残高試算表 貸方	修正記入 借方	修正記入 貸方	損益計算書 借方	損益計算書 貸方	貸借対照表 借方	貸借対照表 貸方
繰越利益剰余金		15,000						15,000
売上		510,000				510,000		
受取手数料		13,000		8,000		21,000		
仕入	300,000		36,000	39,000	297,000			
給料	132,000		12,000		144,000			
支払家賃	60,000			10,000	50,000			
通信費	10,000			4,000	6,000			
支払利息	3,000		2,000		5,000			
	994,000	994,000						
雑損			1,000		1,000			
貸倒引当金繰入			3,000		3,000			
減価償却費			9,000		9,000			
未払利息				2,000				2,000
未収手数料			8,000				8,000	
未払給料				12,000				12,000
前払家賃			10,000				10,000	
貯蔵品			4,000				4,000	
法人税,住民税及び事業税			4,800		4,800			
未払法人税等				2,800				2,800
当期純利益					11,200			11,200
			128,800	128,800	531,000	531,000	511,000	511,000

① 現金過不足の処理

（借）雑　　　　損　　　　1,000　（貸）現　　　　　金　　　　1,000

雑損＝21,000円－20,000円＝△1,000円

決算日に過不足を発見した場合，現金過不足には記入せず，その金額を直接，雑益勘定（収益）または雑損勘定（費用）に記入する。

② 貸倒引当金の設定

（借）貸 倒 引 当 金 繰 入　　3,000　（貸）貸 倒 引 当 金　　3,000

貸倒引当金繰入＝150,000円×4％−3,000円＝3,000円

③ 売上原価の算定

（借）仕　　　　　　　入　　36,000　（貸）繰 越 商 品　　36,000

（借）繰 越 商 品　　39,000　（貸）仕　　　　　　　入　　39,000

④ 減価償却費の計上

（借）減 価 償 却 費　　9,000　（貸）備品減価償却累計額　　9,000

$$減価償却費＝\frac{80,000円−8,000円}{8年}＝9,000円$$

⑤ 未払利息の計上

（借）支 払 利 息　　2,000　（貸）未 払 利 息　　2,000

$$未払利息＝100,000円×6％×\frac{4か月（12/1〜3/31）}{12か月}＝2,000円$$

⑥ 未収手数料の計上

（借）未 収 手 数 料　　8,000　（貸）受 取 手 数 料　　8,000

⑦ 未払給料の計上

（借）給　　　　　　料　　12,000　（貸）未 払 給 料　　12,000

⑧ 前払家賃の計上

（借）前 払 家 賃　　10,000　（貸）支 払 家 賃　　10,000

$$前払家賃＝60,000円×\frac{2か月（4/1〜5/31）}{12か月}＝10,000円$$

⑨ 貯蔵品の処理

（借）貯 蔵 品　　4,000　（貸）通 信 費　　4,000

⑩ 法人税等の計上

（借）法人税, 住民税及び事業税　　4,800　（貸）仮 払 法 人 税 等　　2,000

未 払 法 人 税 等　　2,800

6　財務諸表の作成

財務諸表の作成に当たっては，次の点に注意する。

① 損益勘定の「売上」「仕入」「繰越利益剰余金」は，損益計算書上では「売上高」「売上原価」「当期純利益」と表示する。

② 繰越試算表の「繰越商品」は，貸借対照表上では「商品」と表示する。

③ 貸倒引当金は，受取手形や売掛金などの売上債権から，また，減価償却累計額（備品や建物など，固定資産の科目名は付けなくてよい）は，備品や建物などの固定資産から控除する形式で表示する。

④ 前払家賃・前払保険料などは前払費用，前受家賃・前受地代などは前受収益として一括して表示する（未払い・未収も同様）。

問題6 91頁**問題5**の資料に基づき，損益計算書と貸借対照表を作成しなさい。

解　答

損益計算書
X3年4月1日からX4年3月31日まで　　　（単位：円）

費　　　用	金　　額	収　　　益	金　　額
売　上　原　価	297,000	売　　上　　高	510,000
給　　　　　料	144,000	受　取　手　数　料	21,000
支　払　家　賃	50,000		
通　　信　　費	6,000		
雑　　　　　損	1,000		
貸倒引当金繰入	3,000		
減　価　償　却　費	9,000		
支　払　利　息	5,000		
法人税,住民税及び事業税	4,800		
当　期　純　利　益	11,200		
	531,000		531,000

貸借対照表

X4年3月31日

（単位：円）

資　　　産	金　　額		負債・純資産	金　　額
現　　　　　金		20,000	買　　掛　　金	110,000
売　　掛　　金	150,000		借　　入　　金	100,000
貸 倒 引 当 金	6,000	144,000	未　払　費　用	14,000
商　　　　　品		39,000	未 払 法 人 税 等	2,800
貯　　蔵　　品		4,000	資　　本　　金	225,000
未　収　収　益		8,000	繰越利益剰余金	26,200
前　払　費　用		10,000		
備　　　　　品	80,000			
減 価 償 却 累 計 額	27,000	53,000		
土　　　　　地		200,000		
		478,000		478,000

解　説

　繰越利益剰余金＝期首の繰越利益剰余金（決算整理前残高試算表）＋当期純利益
　　　　　　　　＝15,000円＋11,200円＝26,200円

第13章

伝 票 会 計

1　伝 票 会 計

　取引の内容を簡潔に記載した一定様式の紙片を**伝票**という。本来，伝票は取引内容を関係者に伝達するために用いられるものであるが，これを日付順にファイルすることによって，帳簿として活用することが可能になる。このような伝票を利用した記帳システムを**伝票会計**（伝票制度，伝票式簿記）という。

（注）伝票会計は用いられる伝票の種類によって，一伝票制，三伝票制，五伝票制の３つに分類できるが，本章では三伝票制を解説する。

2　三 伝 票 制

(1) 三伝票制

　三伝票制では入金取引を**入金伝票**に，出金取引を**出金伝票**に，これ以外の取引（振替取引）を**振替伝票**に記入する。入金取引は仕訳の際の借方勘定科目が「現金」，出金取引は貸方勘定科目が「現金」なので，入金伝票と出金伝票は「現金」の記入を省略し，相手勘定科目（入金伝票は貸方勘定科目，出金伝票は借方勘定科目）と金額を記入する。また，振替伝票には通常の仕訳と同じように，借方勘定科目と金額，貸方勘定科目と金額を記入する。

(2) 一部振替取引

　振替取引には現金収支をまったく伴わない全部振替取引と，一部に現金収支を伴う一部振替取引がある。一部振替取引の記入方法には取引を分割して記入

する方法と，取引を擬製して記入する方法の2つの方法がある。例えば，「備品100,000円を購入し，代金のうち60,000円は現金で支払い，残額は月末に支払うことにした」という取引は，それぞれ次のように記入される。

1）取引を分割して記入する方法

取引を現金取引と振替取引に分割し，前者を出金伝票に記入し，後者を振替伝票に記入する。

（借）備　　　　　品　　　60,000　（貸）現　　　　　金　　　60,000
（借）備　　　　　品　　　40,000　（貸）未　払　金　　　40,000

出金伝票	No.21
備　　　品	60,000

振替伝票			No.31
備　　　品	40,000	未　払　金	40,000

2）取引を擬製して記入する方法

取引をいったん振替取引として処理（振替伝票に記入）し，その後で現金収支を伴う部分を出金伝票に記入する。

（借）備　　　　　品　　100,000　（貸）未　払　金　　100,000
（借）未　払　金　　　60,000　（貸）現　　　　　金　　　60,000

振替伝票			No.31
備　　　品	100,000	未　払　金	100,000

出金伝票	No.21
未　払　金	60,000

問題1　商品60,000円を仕入れ，代金のうち10,000円は現金で支払い，残額は掛けとした。この取引について，出金伝票を（a）のように作成したときと，（b）のように作成したときの振替伝票の記入を示しなさい。

（a）

出金伝票	No.22
仕　　　入	10,000

（b）

出金伝票	No.22
買　掛　金	10,000

解 答

(a)

振替伝票		No.32
仕　　入	50,000　買　掛　金	50,000

(b)

振替伝票		No.32
仕　　入	60,000　買　掛　金	60,000

解 説

本来の仕訳は，以下のとおりである。

　（借）仕　　　　　入　　　60,000　（貸）現　　　　　金　　　10,000
　　　　　　　　　　　　　　　　　　　　　買　　掛　　金　　　50,000

(a) 出金伝票

　（借）仕　　　　　入　　　10,000　（貸）現　　　　　金　　　10,000

(b) 出金伝票

　（借）買　　掛　　金　　　10,000　（貸）現　　　　　金　　　10,000

3　伝 票 の 集 計

　総勘定元帳への転記は伝票から直接行うこともあるが（個別転記），通常，伝票の借方金額と貸方金額を勘定別に集計した**仕訳集計表**（仕訳日計表，仕訳週計表）を作成し，これに基づき転記する（合計転記）。ただし，補助元帳への転記はすべて個別転記である。

問題2　田島商会は毎日の取引を入金伝票，出金伝票，振替伝票に記入し，これらを1日分ずつ集計して仕訳日計表を作成している。次の資料に基づき，X1年7月1日の仕訳日計表を作成し，総勘定元帳（現金勘定，売掛金勘定，買掛金勘定のみ）と得意先元帳（売掛金元帳）へ転記しなさい。

〔**資料1**〕各勘定の口座番号と前月繰越高

　［総勘定元帳］　現　　金　　1　　150,000円

	売掛金	3	130,000円
	買掛金	12	110,000円
［得意先元帳］	玉城商工	得1	62,000円
	桃原通商	得2	68,000円

〔資料2〕 7月1日の取引について作成された伝票

入金伝票	No.101
受取手形	34,000

出金伝票	No.201
仕入	15,000

入金伝票	No.102
売掛金（玉城商工）	22,000

出金伝票	No.202
支払手形	31,000

入金伝票	No.103
売上	26,000

出金伝票	No.203
買掛金（垣花販売）	17,000

振替伝票			No.301
受取手形	17,000	売掛金（玉城商工）	17,000

振替伝票			No.302
売掛金（桃原通商）	24,000	売上	24,000

解答

仕訳日計表

X1年7月1日　　92

借方	元丁	勘定科目	元丁	貸方
82,000	1	現金	1	63,000
17,000		受取手形		34,000
24,000	3	売掛金	3	39,000
31,000		支払手形		
17,000	12	買掛金		
		売上		50,000
15,000		仕入		
186,000				186,000

総勘定元帳

現　金　　　　　　1

日付		摘　要	仕丁	借　方	貸　方	借/貸	残　高
7	1	前 月 繰 越	✓	150,000		借	150,000
	〃	仕 訳 日 計 表	92	82,000		〃	232,000
	〃	〃	〃		63,000	〃	169,000

売　掛　金　　　　　　3

日付		摘　要	仕丁	借　方	貸　方	借/貸	残　高
7	1	前 月 繰 越	✓	130,000		借	130,000
	〃	仕 訳 日 計 表	92	24,000		〃	154,000
	〃	〃	〃		39,000	〃	115,000

買　掛　金　　　　　　12

日付		摘　要	仕丁	借　方	貸　方	借/貸	残　高
7	1	前 月 繰 越	✓		110,000	貸	110,000
	〃	仕 訳 日 計 表	92	17,000		〃	93,000

得意先元帳

玉 城 商 工　　　　　　得1

日付		摘　要	仕丁	借　方	貸　方	借/貸	残　高
7	1	前 月 繰 越	✓	62,000		借	62,000
	〃	入 金 伝 票	102		22,000	〃	40,000
	〃	振 替 伝 票	301		17,000	〃	23,000

桃 原 通 商　　　　　　得2

日付		摘　要	仕丁	借　方	貸　方	借/貸	残　高
7	1	前 月 繰 越	✓	68,000		借	68,000
	〃	振 替 伝 票	302	24,000		〃	92,000

解　説

　7月1日の仕訳を示せば，以下のとおりである。

入金伝票

（借）現　　　　金	34,000	（貸）受　取　手　形	34,000
（借）現　　　　金	22,000	（貸）売掛金(玉城商工)	22,000
（借）現　　　　金	26,000	（貸）売　　　　上	26,000

出金伝票

（借）仕　　　　入	15,000	（貸）現　　　　金	15,000
（借）支　払　手　形	31,000	（貸）現　　　　金	31,000
（借）買掛金(垣花販売)	17,000	（貸）現　　　　金	17,000

振替伝票

（借）受　取　手　形	17,000	（貸）売掛金(玉城商工)	17,000
（借）売掛金(桃原通商)	24,000	（貸）売　　　　上	24,000

　総勘定元帳へは仕訳日計表から転記するので，各勘定の摘要欄には仕訳日計表と記入し，仕丁欄には仕訳日計表の頁数を記入する。また，補助元帳へは伝票から直接転記するので，各勘定の摘要欄には伝票名を記入し，仕丁欄には伝票番号を記入する。

第 3 編

中級簿記

第３編「中級簿記」 学習の進め方

　第３編「中級簿記」の内容は，諸取引の処理（第14章～第25章），決算（第26章），本支店会計（第27章），連結会計（第28章）の４つに区分される。

　第14章「現金・預金（２）」から第25章「税金（２）」までの12の章では，様々な諸取引を，どのように記録（仕訳）するかを学ぶ。学習の進め方は，36頁で述べたとおりである。

　第26章「決算（２）」では，財務諸表（損益計算書，貸借対照表，株主資本等変動計算書）の作成方法を改めて学ぶ。第12章で学習した損益計算書・貸借対照表との違い（複雑さ）に驚くかもしれないが，収益・費用と資産・負債が，どのような基準によって区分されるのかを確認しながら学習を進めるといいだろう。財務諸表を作成する力をしっかり身に付けてほしい。

　第27章「本支店会計」では，各地に支店を設けたときに，支店を本店とは別の会計単位として扱う支店独立会計制度を学ぶ。本店・支店，それぞれの立場から仕訳ができれば，容易に理解できるだろう。

　第28章「連結会計」では，親会社とその支配下にある子会社で構成される企業グループの会計を学ぶ。連結財務諸表を作成するための連結修正仕訳が重要な論点なので，親会社・子会社が個別上で，それぞれどのような仕訳を行っていたかをイメージしながら，その手順を１つずつ理解することが大切である。

　本編が理解できていれば，日商簿記検定試験２級に合格する力は身に付いているはずである（本書には「製造業を営む会社の決算処理」が収録されていないが，工業簿記を学べば対応できる）。模擬問題集や予想問題集などで実際の問題形式に馴染んだ後，是非，挑戦してほしい。

第14章

現金・預金 (2)

1 銀行勘定調整表

(1) 不一致の原因

当座預金口座への預入れや小切手の振出しなど，当座預金が増減する取引は企業と銀行の双方が記録している。同一の取引を記録するのだから，本来，両者は一致するはずである。しかし，以下のような理由によって，両者にズレが生ずる。

時間外預入れ	銀行閉店後の預入れ（銀行では翌日の入金として処理）
未取立小切手	銀行に小切手の取立てを依頼したが，その処理がまだ行われていないもの
未取付小切手	小切手を振り出したが，相手がまだ銀行に小切手を持参（呈示）していないもの
未渡小切手	小切手を作成したが，まだ相手に渡されていないもの
当座振込未通知	当座預金口座への振込みがあったが，その連絡がないもの
当座引落未通知	当座預金口座から引落としがあったが，その連絡がないもの
誤　記　入	——

(2) 銀行勘定調整表の作成

当座預金勘定残高と銀行が作成した残高証明書残高との不一致を修正するため，**銀行勘定調整表**を作成する。次頁の表に示すように，不一致の原因が銀行にあるものは銀行残高に加算・減算し，逆に，不一致の原因が企業にあるものは企業残高に加算・減算することで，両者を一致させる（これを**両者区分調整法**という）。この金額が貸借対照表上の当座預金の金額となる。なお，不一致の原因が企業にあるものは，修正仕訳が必要である。

不一致の原因		企業	銀行	その結果	調整表	仕訳
銀行側	時間外預入れ	収入	未入金	企業＞銀行	銀行残高＋	不要
	未取立小切手					
	未取付小切手	支出	未出金	企業＜銀行	銀行残高－	
企業側	未渡小切手				企業残高＋	必要
	当座振込未通知	未収入	入金			
	当座引落未通知	未支出	出金	企業＞銀行	企業残高－	
	誤記入	—	—	—	企業残高±	

問題1 決算日現在の当座預金勘定残高は231,000円，銀行残高証明書残高は264,000円であり，両者の不一致の原因を調査したところ，以下の事実が判明した。必要な修正仕訳を行い，銀行勘定調整表を作成しなさい。

① 決算日に現金21,000円を当座預金口座へ預け入れたが，営業時間外だったため，銀行では当日の入金として処理していなかった。

② 銀行に小切手11,000円の取立てを依頼していたが，その処理がまだ行われていなかった。

③ 買掛金を支払うために振り出した小切手13,000円が，銀行にまだ呈示されていなかった。

④ 買掛金を支払うために作成した小切手15,000円が，未渡しであった。

⑤ 電話代を支払うために作成した小切手17,000円が，未渡しであった。

⑥ 受取手形22,000円が当座預金口座へ振り込まれていたが，その連絡がまだ届いていなかった。

⑦ 取立手数料2,000円が当座預金口座から引き落とされていたが，その連絡がまだ届いていなかった。

[解答]

① 仕訳なし

② 仕訳なし

③ 仕訳なし

④	（借）当　座　預　金	15,000	（貸）買　　掛　　金			15,000
⑤	（借）当　座　預　金	17,000	（貸）未　　払　　金			17,000
⑥	（借）当　座　預　金	22,000	（貸）受　取　手　形			22,000
⑦	（借）支　払　手　数　料	2,000	（貸）当　座　預　金			2,000

銀行勘定調整帳（両者区分調整法）

当座預金勘定残高		231,000	銀行残高証明書残高		264,000
加　算：			加　算：		
④ 未 渡 小 切 手	15,000		① 時間外預入れ	21,000	
⑤ 未 渡 小 切 手	17,000		② 未取立小切手	11,000	32,000
⑥ 当座振込未通知	22,000	54,000			
減　算：			減　算：		
⑦ 当座引落未通知		2,000	③ 未 取 付 小 切 手		13,000
		283,000			283,000

解　説

　④⑤の未渡小切手は当座預金減少の処理を取り消す仕訳（小切手振出時の反対仕訳）が必要になるが，その際，費用の支払いのために作成された小切手が未渡しのときは，その費用を取り消すのではなく（費用が発生しているのは事実だから），未払金勘定（負債）で処理する。

別　解

　銀行勘定調整表の作成方法には，両者区分調整法の他にも**企業残高基準法**と**銀行残高基準法**がある。

　企業残高基準法では，企業残高（当座預金勘定残高）に不一致の原因を加減して，銀行残高（銀行残高証明書残高）に一致させる。また，銀行残高基準法では，銀行残高に不一致の原因を加減して，企業残高に一致させる。企業残高基準法と銀行残高基準法による銀行勘定調整表を示せば，次頁のとおりである。

銀行勘定調整表（企業残高基準法）

当座預金勘定残高				231,000
加　算：③ 未 取 付 小 切 手			13,000	
④ 未 渡 小 切 手			15,000	
⑤ 未 渡 小 切 手			17,000	
⑥ 当 座 振 込 未 通 知			22,000	67,000
減　算：① 時 間 外 預 入 れ			21,000	
② 未 取 立 小 切 手			11,000	
⑦ 当 座 引 落 未 通 知			2,000	34,000
銀行残高証明書残高				264,000

銀行勘定調整表（銀行残高基準法）

銀行残高証明書残高				264,000
加　算：① 時 間 外 預 入 れ			21,000	
② 未 取 立 小 切 手			11,000	
⑦ 当 座 引 落 未 通 知			2,000	34,000
減　算：③ 未 取 付 小 切 手			13,000	
④ 未 渡 小 切 手			15,000	
⑤ 未 渡 小 切 手			17,000	
⑥ 当 座 振 込 未 通 知			22,000	67,000
当座預金勘定残高				231,000

2　その他の預金

　銀行預金には当座預金，普通預金，定期預金以外にも貯蓄預金や積立預金などがある。これらの預金は，それぞれの預金名を付けた勘定で処理するが，これらを一括して**銀行預金勘定**（資産）で処理することもある。

第15章

商品売買（2）

1　割　戻　し

　特定の仕入先から一定期間内に大量の商品を仕入れたとき，仕入代金の一部が免除されることがある。これを**割戻し**（リベート）といい，仕入割戻しを受けた場合は，その分だけ仕入高を減額する。

（注）売上割戻しは，「(4) 変動対価（売上割戻し）」(115頁) で解説する。

問題1　仕入先金城商会から，「割戻しが適用され，買掛金の2％を免除する」という連絡があったので，同社に対する買掛金200,000円から免除額を差し引いた残額を現金で支払った。この取引を仕訳しなさい。

解　答

（借）買　　掛　　金	200,000	（貸）現　　　　　　金	196,000
		仕　　　　　入	4,000

解　説

　割戻額＝200,000円×2％＝4,000円

参　考

　解答に示した仕訳のように，仕入から直接減額すると，その期間の割戻高を把握できないので，**仕入割戻勘定**（費用の評価勘定）に記入しておき，期末にその残高を仕入高から控除することがある。

2　商品の期末評価

(1) 期末棚卸数量の把握

　期末商品棚卸高は「期末棚卸数量×期末棚卸単価」の算式で求めることができる。商品の期末棚卸数量を把握する方法には，**継続記録法**と棚卸計算法の2つの方法がある。**継続記録法**とは，商品の受入れと払出しを記録し，その継続的な記録から期末棚卸数量を算定する方法である。また，商品の受入れのみを記録し，期末に実地棚卸を行うことで期末棚卸数量を確定する方法を**棚卸計算法**という。

　継続記録法は商品の受払記録を通じて，常に最新の手許数量を知ることができる。一方，棚卸計算法は実地棚卸を行うことによって，期末商品の実際数量を正確に把握できる。したがって，両者を併用することにより，より有効な在庫管理が可能になる。

(2) 商品の払出単価

　同一または同種類の商品であっても，仕入先や仕入の時期が違えば仕入単価も異なる。その場合，どの単価を用いて払出単価を算定すればよいのかが問題になる。**第5章**では先入先出法と移動平均法を学んだが，その他の計算方法として**総平均法**がある。総平均法とは一定期間の平均単価を計算し，これを払出単価とするもっとも単純な方法である。

(3) 商品の期末評価

1）棚卸減耗損

　実地棚卸によって把握された実地棚卸数量が，紛失や盗難などにより，帳簿棚卸数量より少ないとき，その不足分を**棚卸減耗**といい，**棚卸減耗損勘定**（費用）で処理する。

　　棚卸減耗損＝（帳簿棚卸数量－実地棚卸数量）×原価

2）商品評価損

期末商品の正味売却価額（決算日の時価から販売費用を控除した金額）が取得原価を下回ったとき，その下落分を**評価損**といい，**商品評価損勘定**（費用）で処理する。

商品評価損＝（原価－正味売却価額）×実地棚卸数量

問題2 次の資料に基づき，決算日に必要な仕訳を行いなさい。

期首商品棚卸高　55,000円

期末商品棚卸高　帳簿棚卸高　　数量　50個　　原　　　　価　@1,000円

　　　　　　　　実地棚卸高　　数量　45個　　正味売却価額　@ 900円

[解 答]

（借）仕 入	55,000	（貸）繰 越 商 品	55,000
（借）繰 越 商 品	50,000	（貸）仕 入	50,000
（借）棚 卸 減 耗 損	5,000	（貸）繰 越 商 品	9,500
商 品 評 価 損	4,500		

[解 説]

棚卸減耗損＝（50個－45個）×1,000円＝5,000円

商品評価損＝（1,000円－900円）×45個＝4,500円

[参 考]

棚卸減耗損と商品評価損は，損益計算書上，売上原価の内訳科目として，または販売費及び一般管理費や営業外費用の区分などに計上される。これらを売上原価に算入する場合は，解答の仕訳に加え，次の仕訳が必要になる。

（借）仕 入	9,500	（貸）棚 卸 減 耗 損	5,000
		商 品 評 価 損	4,500

三分法では，売上原価を仕入勘定で計算しているので，棚卸減耗損と商品評価損を仕入勘定へ振り替えることで，棚卸減耗損・商品評価損を売上原価に算入す

る（減耗損・評価損の分だけ売上原価が増加する）。

3　売上原価対立法

商品を仕入れたときは**商品勘定**（資産）に記入し，商品を販売したときは売上を計上するとともに，その原価を商品勘定から**売上原価勘定**（費用）へ振り替える方法を**売上原価対立法**という。

三分法では，売上原価を決算日に一括して計算するので，期末にしか売上総利益を知ることができない。これに対して，売上原価対立法では，売上勘定の残高から売上原価勘定の残高を控除することによって，期中のいつでも売上総利益を知ることができる。しかし，その適用は販売のつど売上原価を把握できる場合に限られる。

問題3 次の取引を売上原価対立法で仕訳しなさい。

① 商品150,000円を仕入れ，代金は掛けとした。

② 上記商品を200,000円で販売し，代金は掛けとした。

解　答

①	（借）商　　　　品	150,000	（貸）買　　掛　　金	150,000
②	（借）売　　掛　　金	200,000	（貸）売　　　　上	200,000
	売　上　原　価	150,000	商　　　　品	150,000

4　収益・費用の認識基準

(1) 収益の認識基準

収益は，顧客（得意先）に商品・サービスを移転する（商品を引き渡す，またはサービスを提供する）ことによって，履行義務を充足したときに認識する。

履行義務とは商品・サービスを移転する顧客との約束であり，履行義務を充足するとは約束を果たすことである。

　また，収益は商品・サービスを顧客へ移転するのと交換に，権利を得ると見込まれる対価の額（取引価格），つまり，商品の販売代金（発送費があれば，これを加算した金額），またはサービスの提供料金で記録する。

(2) 商品売買業における収益の認識

　通常，商品売買は「受注→発送→納品→検収→代金回収」というプロセスを経て行われる。どの時点で売上を計上するかについては，**検収基準**を原則とするが，**出荷基準**と**着荷基準**の適用も認められている。

検 収 基 準	得意先から検収が終了した旨の連絡があった（検収通知が届いた）ときに売上を認識
出 荷 基 準	得意先に商品を出荷した（発送した）ときに売上を認識
着 荷 基 準	得意先に商品が到着した（納品された）ときに売上を認識

問題4 次の取引を仕訳しなさい（三分法。以下，指示がなければ三分法で処理すること）。

　① 商品100個（@1,000円）を発送し，代金は掛けとした。

　② 上記商品について，得意先から商品が届いた旨の連絡があった。

　③ 上記商品について，得意先から検収通知が届いた。ただし，1個が一部破損のため返品された。

[解 答]

(a) 検収基準

① 　　仕 　訳 　な 　し

② 　　仕 　訳 　な 　し

③ （借）売 　掛 　金 　　　99,000 （貸）売 　　　　　上 　　　99,000

(b) 出荷基準

① （借）売 　掛 　金 　　　100,000 （貸）売 　　　　　上 　　　100,000

② 　　仕　訳　な　し

③（借）売　　　　上　　　　1,000　（貸）売　掛　金　　　1,000

（c）着荷基準

① 　　仕　訳　な　し

②（借）売　掛　金　　100,000　（貸）売　　　　上　　100,000

③（借）売　　　　上　　　　1,000　（貸）売　掛　金　　　1,000

(3) 複数の履行義務を含む顧客との契約

　ある1つの契約の中に2つ以上の履行義務が含まれている場合は，原則として，別々に収益を認識する。また，履行義務が一定期間にわたり充足されるときは，これを**契約負債勘定**（負債）で処理しておき，履行義務を充足した部分を収益として認識する。

問題5　次の取引を仕訳しなさい。

① X2年11月1日，パソコンと，そのパソコンの2年間の保守サービスを合計312,000円（パソコン300,000円，保守サービス12,000円）で販売し，代金は現金で受け取った。当社では，それぞれを別個の履行義務として識別（把握）している。保守サービスは本日より開始しており，時の経過（月割計算）に応じて履行義務を充足する。

② X3年3月31日，決算を迎えた。保守サービスのうち，履行義務を充足した部分について収益を計上した。

③ X4年3月31日，決算を迎えた。保守サービスのうち，履行義務を充足した部分について収益を計上した。

解　答

①（借）現　　　　金　　312,000　（貸）売　　　　上　　300,000

　　　　　　　　　　　　　　　　　　　　　契　約　負　債　　　12,000

②（借）契　約　負　債　　　2,500　（貸）役　務　収　益　　　2,500

③（借）契　約　負　債　　　6,000　（貸）役　務　収　益　　　6,000

解　説

② 役務収益 $= 12,000円 \times \dfrac{5か月}{24か月} = 2,500円$

　役務収益については，「(5) サービス業における収益・費用の認識」（116頁）を
参照。

(4) 変動対価（売上割戻し）

　顧客と約束した対価のうち，変動する可能性のある部分を**変動対価**という。
売上割戻しにより商品代金の一部を払い戻す場合のように，顧客から受け取る
対価の一部を返金すると見込まれる場合などが，これに該当する。

　商品販売時，割戻しが生じる（リベートを支払う）可能性が高いときは，予
想される割戻額を**返金負債勘定**（負債）で処理し，商品代金からこれを控除し
た金額を売上に計上する。

問題6　次の取引を仕訳しなさい。

① 8月1日，宜保通商へ商品400個（@150円）を販売し，代金は現金で受け取っ
　た。宜保通商との間には，「今月中に商品を合計1,000個以上購入した場合，この
　期間の販売額の5％をリベートとして支払う」という取り決めがあり，この条
　件が達成される可能性は高い。

② 8月31日，宜保通商へ商品600個（@150円）を販売し，リベートの条件が達成
　された。なお，代金は現金で受け取った。

③ 9月15日，宜保通商へリベートを現金で支払った。

解　答

① （借）現　　　　　　金	60,000	（貸）売　　　　　　上	57,000
		返　金　負　債	3,000
② （借）現　　　　　　金	90,000	（貸）売　　　　　　上	85,500
		返　金　負　債	4,500
（借）返　金　負　債	7,500	（貸）未　　払　　金	7,500

③（借）未　　払　　金　　　　　7,500　（貸）現　　　　　金　　　　　7,500

解　説

① 返金負債＝400個×150円×5％＝3,000円

② 返金負債＝600個×150円×5％＝4,500円

参　考

　8月31日に500個しか販売できず，割戻しが適用されなかった（リベートが支払われなかった）場合，8月1日に計上した返金負債を売上へ振り替える。

② （借）現　　　　　金　　　　75,000　（貸）売　　　　　上　　　　75,000

　　（借）返　金　負　債　　　　3,000　（貸）売　　　　　上　　　　3,000

(5) サービス業における収益・費用の認識

　サービス業では，サービス（役務）を提供したときに収益を認識し，**役務収益勘定**（収益）で処理する。サービスの提供前に現金などを受け取ったときは，**契約負債勘定**（負債）に記入しておき，収益計上時に役務収益勘定へ振り替える。

　また，そのサービスに係る費用は**役務原価勘定**（費用）で処理する。収益計上の前に発生した役務原価は**仕掛品勘定**（資産）に記入しておき，収益計上時に役務原価勘定へ振り替える。

問題7　次の取引を仕訳しなさい。

① イベント企画の依頼を受け，現金100,000円を受け取った。

② 従業員へ給料350,000円を現金で支給した。

③ 顧客から依頼のあった案件について企画書をとりまとめ，上記給料のうち300,000円が，この案件のために直接費やされていることが判明した。

④ 顧客へ企画書を提出し，先に受け取った100,000円を差し引いた400,000円を現金で受け取った。

解 答

① （借）現　　　　　金　　　100,000　（貸）契　約　負　債　　　100,000

② （借）給　　　　　料　　　350,000　（貸）現　　　　　金　　　350,000

③ （借）仕　掛　品　　　300,000　（貸）給　　　　　料　　　300,000

④ （借）現　　　　　金　　　400,000　（貸）役　務　収　益　　　500,000

　　　契　約　負　債　　　100,000

　（借）役　務　原　価　　　300,000　（貸）仕　　掛　　品　　　300,000

第16章

売掛金・買掛金 (2)

1 売掛金の譲渡

通常，売掛金の回収は数か月かかるが，回収期限前に売掛金をファクタリング会社（企業が保有する売掛金を買い取り，代金回収を行う会社）に売却し，早期に現金化することができる。売却に当たり支払う手数料は，**債権売却損勘定**（費用）で処理する。

また，買掛金などを支払うため，売掛金を譲渡することもできる。

問題1 次の取引を仕訳しなさい。

① 比嘉産業に対する売掛金50,000円を売却し，手数料2,500円が差し引かれた残額が当座預金口座へ振り込まれた。

② 金城物産に対する買掛金80,000円を支払うため，平良興業に対する売掛金のうち80,000円を譲渡することについて，両社から同意を得たため，売掛金80,000円を金城商店へ譲渡した。

解 答

① (借) 当 座 預 金	47,500	(貸) 売 掛 金	50,000
債 権 売 却 損	2,500		
② (借) 買 掛 金	80,000	(貸) 売 掛 金	80,000

参 考

ファクタリングには，債務者に債権譲渡通知を行う3者間ファクタリングと，通知しない2者間ファクタリングがあるが，売却時の処理は同じである。

2　貸倒引当金の設定

(1) 貸倒見積額の算定

　通常，貸倒見積額は過去の貸倒実績率などを用い一括して算定するが，債務者の財政状態が悪化したときは，個別にその債権の回収不能額を見積もる。その場合，担保の処分見込額や保証による回収見込額があれば，債権額からこれを控除し，その残高に貸倒設定率を乗じて貸倒見積額を算定する。

問題2　次の取引を仕訳しなさい。

① 保田盛商工に対する売掛金100,000円に対して，その回収不能額を40%と見積もって貸倒引当金を計上した。

② 新垣通商に対する貸付金200,000円に対して，債権額から担保処分額100,000円を控除した残額の50%を貸倒引当金に計上した。

解　答

① （借）貸倒引当金繰入　　　　40,000　（貸）貸 倒 引 当 金　　　　40,000
② （借）貸倒引当金繰入　　　　50,000　（貸）貸 倒 引 当 金　　　　50,000

解　説

② 貸倒引当金繰入＝（200,000円－100,000円）×50%＝50,000円

(2) 貸倒引当金繰入額の計上

　受取手形や売掛金などの売上債権（営業債権）に対する貸倒引当金繰入額は，損益計算書上，販売費及び一般管理費の区分に，また，貸付金などの営業外債権に対する貸倒引当金繰入額は，営業外費用の区分に記載する（損益計算書の区分については，**第26章**で解説する）。

第17章

手　形 (2)

1　手形の不渡り

(1) 手形の不渡り

　手形の所持人が支払期日に手形代金の支払いを請求したところ，支払いが拒絶されることがある。これを**手形の不渡り**といい，不渡りになった手形を**不渡手形**と呼ぶ。

　手形が不渡りになったとき，不渡手形の所持人は支払拒絶証書を作成し，手形の振出人に償還の請求を行う。償還請求できる金額は手形代金に支払拒絶証書の作成費などの諸費用と，支払日以後の利息を加算した金額である。

(2) 不渡手形の処理

　不渡手形は一般の手形債権とは性質が異なるので，受取手形勘定のままにしておくのは妥当ではない。そこで，所有する手形が不渡りになったときは，受取手形勘定から**不渡手形勘定**（資産）へ振り替える。また，償還請求のための諸費用も不渡手形勘定に記入する。

　後日，請求金額を回収したら，不渡手形を減額し，利息は受取利息勘定（収益）に記入する。回収不能となった場合は，貸倒れとして処理する。

問題1　次の取引を仕訳しなさい。

① 先に受取った城販売振出し，当社宛の約束手形50,000円が不渡りとなったので，同社に対して手形代金の償還請求を行った。なお，請求に当たり，支払拒絶証書を作成し，その代金5,000円は現金で支払った。

② 城販売から請求金額と遅延利息1,000円を現金で受け取った。

③ 上記①の不渡手形が回収不能となった場合。

解　答

① （借）不　渡　手　形　　　55,000　（貸）受　取　手　形　　　50,000
　　　　　　　　　　　　　　　　　　　　　現　　　　　金　　　　 5,000
② （借）現　　　　　金　　　56,000　（貸）不　渡　手　形　　　55,000
　　　　　　　　　　　　　　　　　　　　　受　取　利　息　　　　 1,000
③ （借）貸　倒　損　失　　　55,000　（貸）不　渡　手　形　　　55,000

2　手形の更改

　手形代金の支払人は，支払いが困難になると予想されるとき，手形代金の受取人に対して，支払期日の延長を申し入れることがある。その際，新しい手形を振り出し，これと交換に古い手形を回収する。これを**手形の更改**（または書替）といい，手形の更改は不渡りを回避するため，支払いの延期を図る手段として利用される。

　手形の更改が行われると，支払人の旧手形債務と受取人の旧手形債権が消滅し，支払人の新手形債務と受取人の新手形債権が発生する。支払期日の延長に伴う利息は，更改時に支払われるか，新手形の金額に加算される。

問題2　次の取引を仕訳しなさい。

① 満名産業は宮城物産に約束手形100,000円を振り出していたが，資金の都合がつかず，宮城物産に対して手形の更改を申し入れた。宮城物産はこれを承諾し，新手形と交換した。なお，満名産業は期日延期による利息5,000円を現金で支払った。

② 宮平商事は赤嶺商会に約束手形200,000円を振り出していたが，資金の都合がつかず，赤嶺商会に対して手形の更改を申し入れた。赤嶺商会はこれを承諾し，期日延期による利息10,000円を含めた新手形と交換した。

解答

① 満名産業:

(借)支　払　手　形　　　100,000　(貸)支　払　手　形　　　100,000

(借)支　払　利　息　　　　5,000　(貸)現　　　　　金　　　　5,000

宮城物産:

(借)受　取　手　形　　　100,000　(貸)受　取　手　形　　　100,000

(借)現　　　　　金　　　　5,000　(貸)受　取　利　息　　　　5,000

② 宮平商事:

(借)支　払　手　形　　　200,000　(貸)支　払　手　形　　　210,000

　　　支　払　利　息　　　10,000

赤嶺商会:

(借)受　取　手　形　　　210,000　(貸)受　取　手　形　　　200,000

　　　　　　　　　　　　　　　　　　　受　取　利　息　　　　10,000

3　手形の裏書・割引

(1) 手形の裏書譲渡

　手形の所持人は仕入代金や買掛金の支払いにあてるため，自己の所有する手形を第三者に譲渡することができる。これを手形の**裏書譲渡**という。

　手形の裏書譲渡により手形債権が消滅するので，受取手形勘定（資産）の貸方に記入する。

問題3　次の取引を仕訳しなさい。

① 稲田商工は伊波通商から商品200,000円を仕入れ，代金として伊禮販売振出し，稲田商工宛の約束手形200,000円を裏書譲渡した。

② 上記手形が満期となり，伊禮販売の当座預金口座から引き落とされ，伊波通商の当座預金口座へ振り込まれた。

解答

① 稲田商工:

(借) 仕　　　　入　　200,000　(貸) 受　取　手　形　　200,000

伊波通商:

(借) 受　取　手　形　　200,000　(貸) 売　　　　上　　200,000

伊禮販売:

　　　仕　訳　な　し

② 稲田商工:

　　　仕　訳　な　し

伊波通商:

(借) 当　座　預　金　　200,000　(貸) 受　取　手　形　　200,000

伊禮販売:

(借) 支　払　手　形　　200,000　(貸) 当　座　預　金　　200,000

参考

　売上代金や売掛金の回収として，先に自己が振り出した約束手形を受け取ることがある。この場合は手形債務が消滅するので，支払手形の減少として処理する。

(2)　手形の割引

　手形の所持人は手形代金を早期に回収するため，自己の所有する手形を金融機関に譲渡することもできる。これを手形の**割引**という。

　裏書譲渡と同じように，手形の割引により手形債権が消滅するので，受取手形勘定（資産）の貸方に記入する。また，割引日から支払期日までの利息（割引料）は**手形売却損勘定**（費用）で処理する。

問題4　先に受け取った大城産業振出し，当社宛の約束手形150,000円を取引銀行で割り引き，利息相当額が差し引かれた残額が当座預金口座へ振り込まれた。なお，割引料の計算は，利率年4％，割引日数146日，1年を365日として行う。この取引を仕訳しなさい。

解　答

（借）当 座 預 金　　　147,600　（貸）受 取 手 形　　　150,000
　　　手 形 売 却 損　　　　2,400

解　説

$$手形売却損 = 150,000円 \times 4\% \times \frac{146日}{365日} = 2,400円$$

(3) 裏書手形・割引手形の不渡り

裏書譲渡した手形が不渡りになった場合，裏書人は支払人（手形の振出人）に代わり，手形代金を被裏書人に支払わなければならない。また，割り引いた手形が不渡りになった場合にも，割引人は支払人に代わり，手形代金を金融機関に支払わなければならない。これを**遡及義務**といい，手形代金を支払ったときは，その金額と支払人に対する償還請求の諸費用を不渡手形勘定（資産）に記入する。

なお，不渡手形を回収した（または，回収不能となった）ときの処理は，すでに学んだとおりである。

問題5　次の取引を仕訳しなさい。

① 先に仲村物産に裏書譲渡した西門商事振出し，当社宛の約束手形150,000円が不渡りとなったので，同社に償還請求の諸費用3,000円と遅延利息2,000円を加えた金額を現金で支払った。また，西門商事に対して償還請求を行った。

② 先に取引銀行で割り引いた比嘉商会振出し，当社宛の約束手形200,000円が不渡りとなったので，同行に遅延利息3,000円を加えた金額を当座預金口座から支払った。また，比嘉商会に対して償還請求を行った。

解　答

① （借）不 渡 手 形　　　155,000　（貸）現　　　　　　金　　　155,000
② （借）不 渡 手 形　　　203,000　（貸）当 座 預 金　　　203,000

4　営業外手形

　固定資産の購入・売却など，商品売買取引以外の取引によって発生した手形債権は，受取手形と区別して**営業外受取手形勘定**（資産）で処理し，手形債務は支払手形と区別して**営業外支払手形勘定**（負債）で処理する。

問題6　次の取引を仕訳しなさい。

① 新川商工は駐車場として使用していた土地（帳簿価額15,000,000円）を大湾通商に17,000,000円で売却し，代金は大湾通商振出し，新川商工宛の約束手形で受け取った。なお，新川商工，大湾通商ともに商品売買業を営んでいる。

② 上記手形が満期となり，大湾通商の当座預金口座から引き落とされ，新川商工の当座預金口座へ振り込まれた。

解　答

① 新 川 商 工：

（借）営業外受取手形	17,000,000	（貸）土　　　　　　地	15,000,000
		固定資産売却益	2,000,000

　大 湾 通 商：

（借）土　　　　　　地	17,000,000	（貸）営業外支払手形	17,000,000

② 新 川 商 工：

（借）当 座 預 金	17,000,000	（貸）営業外受取手形	17,000,000

　大 湾 通 商：

（借）営業外支払手形	17,000,000	（貸）当 座 預 金	17,000,000

解　説

　この処理は，商品売買取引以外の取引によって発生した債権・債務を売掛金勘定・買掛金勘定と区別して，未収入金勘定・未払金勘定を用いるのと同じである。したがって，手形債権・債務は，その発生原因によって，受取手形勘定・支払手形

勘定（59頁），手形貸付金勘定・手形借入金勘定（69頁），営業外受取手形勘定・営業外支払手形勘定を使い分けることになる。

5　電子記録債権・電子記録債務

(1) 電子記録債権の譲渡

電子記録債権は手形と同じように，譲渡したり，割り引いたりすることができる。割引料は**電子記録債権売却損勘定**（費用）で処理する。

問題7　次の取引を仕訳しなさい。

① 買掛金100,000円の支払いを電子債権記録機関で行うため，取引銀行を通じて電子記録債権の譲渡記録の請求を行った。

② 電子記録債権150,000円を割り引くため，取引銀行を通じて電子債権記録機関に債権の譲渡記録の請求を行い，割引料5,000円が差し引かれた残額が普通預金口座へ振り込まれた。

解答

①	（借）買　　掛　　金	100,000	（貸）電 子 記 録 債 権	100,000
②	（借）普　通　預　金	145,000	（貸）電 子 記 録 債 権	150,000
	電子記録債権売却損	5,000		

参考

手形の裏書譲渡・割引とは違い，電子記録債権は分割して一部（必要な金額のみ）を譲渡したり，割り引いたりすることができる。

(2) 営業外電子記録債権・営業外電子記録債務

固定資産の購入・売却など，商品売買取引以外の取引によって生じた未収入金・未払金を電子化する場合，電子記録債権・電子記録債務と区別して，**営業**

外電子記録債権勘定（資産）・**営業外電子記録債務勘定**（負債）で処理する。

問題8 屋良商事は宮城通商から土地を購入した際の未払金20,000,000円について，取引銀行を通じて電子債権記録機関に債務の発生請求を行った。この取引を仕訳しなさい。なお，屋良商事，宮城通商ともに商品売買業を営んでいる。

解　答

屋良商事：

（借）未　　払　　金　　20,000,000　（貸）営業外電子記録債務　　20,000,000

宮城通商：

（借）営業外電子記録債権　　20,000,000　（貸）未　収　入　金　　20,000,000

第18章

その他の債権・債務 (2)

1　商品売買に伴う債権・債務

(1) 契約資産

　顧客に移転した商品・サービスと交換に受け取る対価に対する権利のうち，無条件のもの（対価に対する法的な請求権）を**顧客との契約から生じた債権**という。売掛金や受取手形が，これに該当する。

　これに対して，顧客に移転した商品・サービスと交換に受け取る対価に対する権利のうち，無条件ではないもの（対価の受け取りに，時の経過以外の条件が必要なもの。例えば，1つの契約の中に複数の履行義務が含まれており，すべての履行義務の充足が対価を受け取るための条件となっている契約）を**契約資産**と呼ぶ。このような権利が生じたときは**契約資産勘定**（資産）に記入しておき，すべての履行義務を充足したときに，売掛金勘定へ振り替える。

問題1 次の取引を仕訳しなさい。

① 上間商会とA商品70,000円，B商品80,000円を販売する契約を締結し，A商品を上間商会へ引き渡した。なお，代金はB商品を引き渡した後に請求する契約となっており，A商品の代金70,000円は，まだ顧客との契約から生じた債権となっていない。また，A商品の引渡しとB商品の引渡しは，それぞれ独立した履行義務として識別（把握）する。

② 上間商会へB商品を引き渡し，A商品とB商品の代金請求書を送付した。

解　答

① （借）契　約　資　産　　　　70,000　（貸）売　　　　　上　　　　70,000

② （借）売　　掛　　金　　150,000　（貸）売　　　　　　　上　　80,000

契　約　資　産　　70,000

(2) 契約負債

　商品を引き渡す，またはサービスを提供する前に，代金の一部を受け取った
ときは**契約負債勘定**（負債）に記入しておき，履行義務を充足したときに，売
上勘定へ振り替える。

問題2 次の取引を仕訳しなさい。

① 神谷商工と商品100,000円を販売する契約を締結し，手付金として10,000円を現
　金で受け取った。

② 神谷商工へ商品を引き渡し，手付金を差し引き残額は掛けとした。

解　答

① （借）現　　　　　　金　　10,000　（貸）契　約　負　債　　10,000

② （借）契　約　負　債　　10,000　（貸）売　　　　　　上　　100,000

売　　掛　　金　　90,000

解　説

　第8章で学んだ前受金は契約負債の一種である。

2　それ以外の債権・債務

(1) 保証債務

　銀行からの借入れに際し，他者が保証人となることがある。これを**保証債務**
といい，債務者がその債務を返済できなかった場合，保証人は債務者に代わっ
てこれを支払う義務を負う。保証債務は偶発債務の一種で，債務の保証をした
ときは，**保証債務見返勘定**と**保証債務勘定**という対照勘定を用いて処理してお

き，返済されたときに，対照勘定を消去する。

問題3 次の取引を仕訳しなさい。

① 瑞慶覧商工から借入金1,000,000円の債務保証を求められ，保証人となった。

② 上記借入金が返済された。

③ 上記①の借入金が返済されず，利息10,000円とともに，小切手を振り出して支払った場合。

解　答

① （借）保 証 債 務 見 返　　1,000,000　（貸）保　証　債　務　　1,000,000
② （借）保　証　債　務　　1,000,000　（貸）保 証 債 務 見 返　　1,000,000
③ （借）未　収　入　金　　1,010,000　（貸）当　座　預　金　　1,010,000
　 （借）保　証　債　務　　1,000,000　（貸）保 証 債 務 見 返　　1,000,000

解　説

③ 債務者に代わって支払いを行った場合は，債務者に対して支払いを請求し，請求額は未収入金勘定（資産）で処理する。

(2) 未決算

簿記上の取引は発生したが，これを処理する勘定科目または金額が未確定の場合は，一時的に**未決算勘定**（仮勘定）で処理する。後日，記入すべき勘定科目または金額が確定した時点で，これを適当な勘定へ振り替える。

例えば，損害保険をかけていた建物が火災により失われたときは，未決算勘定に記入しておき，保険金額が確定したときに，未収入金勘定（資産）へ振り替える。保険金額と未決算との差額は**保険差益勘定**（保険金額＞未決算，収益）または**火災損失勘定**（保険金額＜未決算，費用）で処理する。

問題4 次の取引を仕訳しなさい。

① 火災のため，備品（取得原価250,000円，減価償却累計額180,000円）が焼失した。

　ただし，この備品には100,000円の火災保険をかけていたので，保険会社に保険
　金支払いの請求をした。

② 保険会社から保険金80,000円を支払うという連絡があった。

③ 上記②で，保険金65,000円を支払うという連絡があった場合。

④ 上記①で，備品に50,000円しか火災保険をかけていなかった場合。

解　答

① （借）備品減価償却累計額　　180,000　（貸）備　　　　　品　250,000
　　　　　未　決　算　　　　　70,000

② （借）未　収　入　金　　　　80,000　（貸）未　　決　　算　70,000
　　　　　　　　　　　　　　　　　　　　　　保　険　差　益　10,000

③ （借）未　収　入　金　　　　65,000　（貸）未　　決　　算　70,000
　　　　　火　災　損　失　　　5,000

④ （借）備品減価償却累計額　　180,000　（貸）備　　　　　品　250,000
　　　　　未　決　算　　　　　50,000
　　　　　火　災　損　失　　　20,000

第19章

有 価 証 券

1　売買目的有価証券

(1) 売買目的有価証券の取得

1) 売買目的有価証券

　株式や国債，社債などの債券を有価証券という。時価の変動（値上がり）により利益を得ることを目的として，つまり，売買を目的として保有する有価証券は**売買目的有価証券勘定**（資産）で処理する。

　売買目的有価証券を取得したときは，買入価額に買入手数料などの付随費用を加算した金額を取得原価とする。なお，株式は1株いくらで，何株購入したかを計算し，債券は額面100円当たり，いくらで購入したかを計算する。額面金額とは債券の券面上に記載されている金額で，満期日に償還される金額である。

　① 株式を取得した場合

　　取得原価＝1株当たりの買入価額×買入株数＋付随費用

　② 債券を取得した場合

$$取得原価＝額面金額×\frac{買入単価}{100円}＋付随費用$$

問題1　次の取引を仕訳しなさい。

　① 売買目的で照喜名通商の株式10株を1株当たり60,000円で購入し，代金は手数料6,000円とともに現金で支払った。

　② 売買目的で額面総額1,000,000円の国債を額面100円につき98円で購入し，代金は手数料9,000円とともに現金で支払った。

解　答

① （借）売買目的有価証券　　　606,000　（貸）現　　　　　金　　　606,000

② （借）売買目的有価証券　　　989,000　（貸）現　　　　　金　　　989,000

解　説

① 売買目的有価証券＝60,000円×10株＋6,000円＝606,000円

② 売買目的有価証券＝1,000,000円×$\dfrac{98円}{100円}$＋9,000円＝989,000円

２）端数利息の処理

社債や国債などの債券を利払日の中途で購入するとき，前回の利払日の翌日から売買当日までの**端数利息**を計算し，これを購入代金とともに支払う習慣がある。端数利息は，以下の計算式によって算定する。

端数利息＝額面金額×年利率×$\dfrac{前回の利払日の翌日から売買当日までの日数}{365日}$

端数利息は有価証券の取得原価には含めず，**有価証券利息勘定**（収益）の借方に記入しておく。こうしておけば，利払日に受け取る利息から端数利息が相殺され，有価証券利息勘定の貸方残高は取得日から利払日までの利息を示すことになる。

問題2　次の取引を仕訳しなさい。

① 5月10日，売買目的で額面総額200,000円の国債（利率年7.3％，利払日は3月末日と9月末日）を額面100円につき98円で購入し，代金は端数利息とともに現金で支払った。

② 9月30日，上記国債の利息を当座預金口座へ預け入れた。

解　答

① （借）売買目的有価証券　　　196,000　（貸）現　　　　　金　　　197,600

　　　有 価 証 券 利 息　　　　1,600

② （借）当 座 預 金　　　　　　7,300　（貸）有 価 証 券 利 息　　　　　　7,300

解　説

① 売買目的有価証券＝200,000円× $\dfrac{98円}{100円}$ ＝196,000円

　有価証券利息＝200,000円×7.3%× $\dfrac{40日（4/1～5/10）}{365日}$ ＝1,600円

② 有価証券利息＝200,000円×7.3%× $\dfrac{6か月}{12か月}$ ＝7,300円

(2) 配当金・利息の受取り

　保有している株式について配当金を受け取ったときは**受取配当金勘定**（収益）で処理し，国債など債券の利息を受け取ったときは有価証券利息勘定で処理する。通常，配当金は株式配当金領収書で受け取るが，これは通貨代用証券の一種なので現金勘定（資産）に記入する。

問題3　次の取引を仕訳しなさい。

　① 保有している株式について，配当金領収書25,000円を受け取った。

　② 保有している社債（額面総額1,000,000円，利率年4%）の利払日が到来し，半年分の利息を現金で受け取った。

解　答

① （借）現　　　　　金　　　　25,000　（貸）受 取 配 当 金　　　　25,000

② （借）現　　　　　金　　　　20,000　（貸）有 価 証 券 利 息　　　　20,000

解　説

② 有価証券利息＝1,000,000円×4%× $\dfrac{6か月}{12か月}$ ＝20,000円

（3）売買目的有価証券の売却

1）売買目的有価証券の売却

　売買目的有価証券を売却したときは，その帳簿価額を減額し，売却価額と売却時の帳簿価額との差額を**有価証券売却益勘定**（売却価額＞帳簿価額，収益）または**有価証券売却損勘定**（売却価額＜帳簿価額，費用）で処理する。

問題4　次の取引を仕訳しなさい。

① 売買目的で保有している名嘉真販売の株式（1株当たり55,000円で購入）5株を，1株当たり61,000円で売却し，代金は現金で受け取った。

② 売買目的で保有している額面総額200,000円の国債（額面100円につき98円で購入。利率年7.3％，利払日は3月末日と9月末日）を，11月20日に額面100円につき99円で売却し，代金は端数利息とともに現金で受け取った。

解　答

①	（借）現	金	305,000	（貸）売買目的有価証券	275,000
				有価証券売却益	30,000
②	（借）現	金	200,040	（貸）売買目的有価証券	196,000
				有価証券売却益	2,000
				有 価 証 券 利 息	2,040

解　説

① 売却価額＝61,000円×5株＝305,000円

　　帳簿価額＝55,000円×5株＝275,000円

　　有価証券売却損益＝売却価額－帳簿価額

　　　　　　　　＝305,000円－275,000円＝30,000円（売却益）

② 売却価額＝200,000円×$\dfrac{99円}{100円}$＝198,000円

　　帳簿価額＝200,000円×$\dfrac{98円}{100円}$＝196,000円

有価証券売却損益＝売却価額－帳簿価額

$$= 198,000円 - 196,000円 = 2,000円　（売却益）$$

$$有価証券利息 = 200,000円 \times 7.3\% \times \frac{51日　（10/ 1 \sim 11/20）}{365日} = 2,040円$$

2）同一銘柄を異なる価格で取得した売買目的有価証券の売却

　同じ銘柄の株式などを異なる価格で購入し，これを売却した場合は，その平均単価を帳簿価額とする。また，証券会社などに支払う手数料は，支払手数料勘定（費用）で処理するか，有価証券売却損益に含める。

問題5　次の取引を仕訳しなさい。売却手数料は支払手数料勘定で処理する。

① 5月1日，売買目的で根路銘物産の株式10株を1株当たり50,000円で購入し，代金は現金で支払った。

② 8月1日，売買目的で根路銘物産の株式20株を1株当たり65,000円で購入し，代金は現金で支払った。

③ 8月15日，根路銘物産の株式15株を1株当たり70,000円で売却し，売却手数料10,000円が差し引かれた残額を現金で受け取った。

解　答

①	（借）売買目的有価証券	500,000	（貸）現　　　　金	500,000
②	（借）売買目的有価証券	1,300,000	（貸）現　　　　金	1,300,000
③	（借）現　　　　　金	1,040,000	（貸）売買目的有価証券	900,000
	支 払 手 数 料	10,000	有価証券売却益	150,000

解　説

③ 現金＝70,000円×15株－10,000円＝1,040,000円

$$売買目的有価証券 = \frac{50,000円 \times 10株 + 65,000円 \times 20株}{10株 + 20株} \times 15株 = 900,000円$$

有価証券売却益＝1,050,000円－900,000円＝150,000円

参　考

売却手数料を売却損益に含める場合の仕訳は，以下のとおりである。

③（借）現　　　　　金　　　1,040,000　（貸）売買目的有価証券　　900,000
　　　　　　　　　　　　　　　　　　　　　　　　有価証券売却益　　　　140,000

有価証券売却益＝（1,050,000円－900,000円）－10,000円＝140,000円

(4) 売買目的有価証券の評価

1) 売買目的有価証券の評価

　貸借対照表に記載する有価証券の価額を決定することを有価証券の評価とい
い，売買目的有価証券は決算日の価格（**時価**）で評価する。時価と帳簿価額と
の差額は**有価証券評価益勘定**（時価＞帳簿価額，収益）または**有価証券評価損
勘定**（時価＜帳簿価額，費用）で処理する。このような処理方法を**時価法**とい
う。

問題6　次の取引を仕訳しなさい。

① 決算に当たり，売買目的で保有している嶺井産業の株式（1株当たり70,000円
で購入）15株を1株78,000円に評価替えした。

② 決算に当たり，売買目的で保有している粟国工業の額面総額500,000円の社債（額
面100円につき96円で購入）を額面100円につき90円に評価替えした。

解　答

①（借）売買目的有価証券　　120,000　（貸）有価証券評価益　　120,000
②（借）有価証券評価損　　　 30,000　（貸）売買目的有価証券　 30,000

解　説

① 時価＝78,000円×15株＝1,170,000円

　帳簿価額＝70,000円×15株＝1,050,000円

　有価証券評価損益＝時価－帳簿価額

　　　　　　　　　＝1,170,000円－1,050,000円＝120,000円（評価益）

② 時価＝500,000円×$\dfrac{90円}{100円}$＝450,000円

　　帳簿価額＝500,000円×$\dfrac{96円}{100円}$＝480,000円

　　有価証券評価損益＝450,000円－480,000円＝△30,000円（評価損）

　参　考

　売買目的有価証券に関連して生ずる損益（売却損益，評価損益，受取配当金，有価証券利息）を一括して，**有価証券運用益勘定**（収益）または**有価証券運用損勘定**（費用）で処理することもある。

2）洗替処理と切放処理

　時価法の適用方法には，洗替処理と切放処理の2つの方法がある。**洗替処理**とは，取得原価と期末時価を比較して評価差額を算定する方法である。また，前期末時価を取得原価とみなし，これと期末時価を比較して評価差額を算定する方法を**切放処理**という。洗替処理による場合，評価替えを行った翌期首に，前期末時価を取得原価に戻すため，再振替仕訳を行わなければならない。

問題7　次の取引を仕訳しなさい。

① 2月1日，売買目的で小禄興業の株式10株を1株当たり60,000円で購入し，代金は現金で支払った。

② 3月31日，決算に当たり，小禄興業の株式10株を1株55,000円に評価替えした。

③ 4月1日，洗替処理に必要な処理を行った。

④ 5月1日，小禄興業の株式10株を1株当たり58,000円で売却し，代金は現金で受け取った。

　解　答

（a）洗替処理

① （借）売買目的有価証券　　　600,000　（貸）現　　　　　　金　　　600,000

②	（借）有価証券評価損	50,000	（貸）売買目的有価証券	50,000
③	（借）売買目的有価証券	50,000	（貸）有価証券評価損	50,000
④	（借）現　　　　　金	580,000	（貸）売買目的有価証券	600,000
	有価証券売却損	20,000		

(b) 切放処理

①	（借）売買目的有価証券	600,000	（貸）現　　　　　金	600,000
②	（借）有価証券評価損	50,000	（貸）売買目的有価証券	50,000
③	仕　訳　な　し			
④	（借）現　　　　　金	580,000	（貸）売買目的有価証券	550,000
			有価証券売却益	30,000

2　満期保有目的の債券

　満期まで所有する意図をもって保有する国債や社債は，**満期保有目的債券勘定**（資産）で処理する。

　満期保有目的債券は，**取得原価**を貸借対照表価額とするが，債券を債券金額より低い（または高い）価額で取得し，その差額が金利の調整と認められるときは，償却原価法を適用する。**償却原価法**とは，取得価額と債券金額との差額を債券の償還期間にわたり，毎期一定の方法で，満期保有目的債券の帳簿価額に加減する方法である。加減額の計算には**定額法**を用い，有価証券利息勘定（収益）で処理する。

問題8　次の取引を仕訳しなさい。

① X1年4月1日，満期まで所有する意図をもって，額面総額300,000円の国債（利率年5％，利払日は3月末日，償還日はX4年3月31日）を額面100円につき96円で購入し，代金は現金で支払った。

② X2年3月31日，上記国債の利息を現金で受け取った。また，取得価額と債券金額との差額は金利の調整と認められるので，決算に当たり，償却原価法（定額法）

を適用した。

[解　答]

①	（借）満期保有目的債券	288,000	（貸）現　　　　　金	288,000
②	（借）現　　　　　金	15,000	（貸）有 価 証 券 利 息	15,000
	（借）満期保有目的債券	4,000	（貸）有 価 証 券 利 息	4,000

[解　説]

② 償却額 $= (300{,}000円 - 288{,}000円) \times \dfrac{1\,年}{3\,年} = 4{,}000円$

3　子会社株式・関連会社株式

　他企業を支配する目的で保有する株式を子会社株式といい，**子会社株式勘定**（資産）で処理する。また，他企業に影響力を及ぼす目的で保有する株式を関連会社株式といい，**関連会社株式勘定**（資産）で処理する。他企業を支配するとは，その企業の議決権の過半数（50%超）を所有している場合（具体的には，その企業の発行済株式の過半数を所有している場合）などをいい，また，他企業に影響力を及ぼすとは，その企業の議決権の20%以上を所有している場合などをいう。

　子会社株式・関連会社株式は，**取得原価**を貸借対照表価額とする。つまり，評価替えは行わない。

問題9　次の取引を仕訳しなさい。

① 2月1日，島根商事の株式30株を1株当たり50,000円で購入し，代金は現金で支払った。なお，島根商事の発行済株式数は50株である。

② 3月1日，城間工業の株式20株を1株当たり60,000円で購入し，代金は現金で支払った。なお，城間工業の発行済株式数は60株である。

③　3月31日，決算を迎えた。島根商事の株式，城間工業の株式の決算日における
　　時価は，それぞれ1株54,000円，56,000円である。

解　答

①	（借）子 会 社 株 式	1,500,000	（貸）現	金	1,500,000
②	（借）関 連 会 社 株 式	1,200,000	（貸）現	金	1,200,000
③	仕　訳　な　し				

4　その他有価証券

(1) その他有価証券の取得と評価

　売買目的有価証券，満期保有目的の債券，子会社株式・関連会社株式以外の
株式・債券は，**その他有価証券勘定**（資産）で処理する。

　その他有価証券は，**時価**を貸借対照表価額とする。ただし，その他有価証券
を直ちに売買するには制約があるので，評価差額を当期の損益とはせず，**その
他有価証券評価差額金勘定**（純資産）で処理する（全部純資産直入方式）。また，
評価替えを行ったその他有価証券は，翌期首に再振替仕訳を行う（洗替処理）。

問題10　次の取引を仕訳しなさい。

①　3月1日，長期利殖を目的として，伊禮産業の株式10株を1株当たり70,000円
　　で購入し，代金は現金で支払った。

②　3月31日，決算に当たり，伊禮産業の株式10株を1株73,000円に評価替えした。

③　4月1日，再振替仕訳を行った。

解　答

①	（借）そ の 他 有 価 証 券	700,000	（貸）現	金	700,000
②	（借）そ の 他 有 価 証 券	30,000	（貸）その他有価証券評価差額金	30,000
③	（借）その他有価証券評価差額金	30,000	（貸）そ の 他 有 価 証 券	30,000

(2) その他有価証券の売却と追加取得

1) その他有価証券の売却

その他有価証券を売却したときは，その帳簿価額を減額し，売却価額と売却時の帳簿価額との差額を**投資有価証券売却益勘定**（売却価額＞帳簿価額，収益）または**投資有価証券売却損勘定**（売却価額＜帳簿価額，費用）で処理する。

問題11 141頁**問題10**の伊禮産業の株式5株を1株当たり75,000円で売却し，代金は現金で受け取った。この取引を仕訳しなさい。

[解答]

（借）現　　　　　金	375,000	（貸）その他有価証券	350,000
		投資有価証券売却益	25,000

2) その他有価証券の追加取得

その他有価証券として保有している株式の追加取得により，その株式を発行している企業が子会社または関連会社になることがある。その場合，その他有価証券勘定から子会社株式勘定または関連会社株式勘定へ振り替える。

問題12 141頁**問題10**の伊禮産業の株式20株を1株当たり75,000円で購入し，代金は現金で支払った。なお，伊禮産業の発行済株式数は50株である。この取引を仕訳しなさい。

[解答]

（借）子 会 社 株 式	2,200,000	（貸）その他有価証券	700,000
		現　　　　　金	1,500,000

第20章

固定資産（2）

1　有形固定資産

(1) 有形固定資産

　固定資産のうち，具体的形態をもつものを有形固定資産といい，**第9章**で学んだ有形固定資産以外にも，次のようなものがある。

工 具 器 具	各種の工作用具や計器など
機 械 装 置	作業機械や工作機械，コンベア・クレーンなど
構 築 物	広告塔，橋，塀，煙突など，土地に定着した建物以外の設備

(2) 有形固定資産の割賦購入

　固定資産を割賦（分割払い）で購入し，その現金販売価額が明らかな場合は，これを取得原価とする。割賦価額と現金販売価額との差額は前払利息勘定（資産）で処理し，割賦金支払時に，支払額に対応する利息（定額法で計算した金額）を支払利息勘定（費用）へ振り替える。

問題1　次の取引を仕訳しなさい。

　　① 営業用車両2,000,000円（現金販売価額1,950,000円）を5か月の月賦で購入した。

　　② 上記車両の第1回割賦金400,000円を現金で支払った。

解　答

① （借）車 両 運 搬 具　　　1,950,000　（貸）未　　払　　金　　　2,000,000
　　　　 前　払　利　息　　　　　 50,000

②（借）未　　払　　金　　400,000　（貸）現　　　　　金　　400,000

　（借）支　払　利　息　　10,000　（貸）前　払　利　息　　10,000

別　解

　前払利息勘定から支払利息勘定への振替を割賦金の支払時にではなく，期末に決算整理仕訳として行うことがある（月次で行うこともある）。

　また，購入時に割賦価額と現金販売価額との差額を支払利息勘定で処理することもあり，支払利息勘定から前払利息勘定への振替は，期末に決算整理仕訳として行う。この方法で**問題1**を処理すれば，以下のとおりである（③は決算日。第1回目の割賦金支払後に決算を迎えた場合）。

①（借）車　両　運　搬　具　1,950,000　（貸）未　　払　　金　2,000,000

　　　　支　払　利　息　　50,000

②（借）未　　払　　金　　400,000　（貸）現　　　　　金　　400,000

③（借）前　払　利　息　　40,000　（貸）支　払　利　息　　40,000

(3) 圧縮記帳

　特定の固定資産を取得するため，国や地方自治団体から補助・助成を受けることがある。補助金を受け取ったときは，**国庫補助金受贈益勘定**（収益）で処理するが，これをそのまま収益として計上すると課税されるので，税金の分だけ購入資金が不足し，その交付目的が十分に達成されなくなってしまう。そこで，補助金に相当する額を固定資産の取得原価から控除することが認められている。これを**圧縮記帳**（直接控除方式）といい，**固定資産圧縮損勘定**（費用）で処理する。

問題2　次の取引を仕訳しなさい。

① 5月1日，備品購入の助成を受けることになり，国庫補助金500,000円が当座預金口座へ振り込まれた。

② 7月1日，補助金交付の目的に適合した備品5,000,000円を購入し，代金は小切手を振り出して支払った。

③ 12月31日，決算に当たり，上記備品について，補助金相当額の圧縮記帳を行った。また，定額法（残存価額100,000円，耐用年数10年）による減価償却を行った。

[解　答]

①	（借）当　座　預　金	500,000	（貸）国庫補助金受贈益	500,000
②	（借）備　　　　　品	5,000,000	（貸）当　座　預　金	5,000,000
③	（借）固定資産圧縮損	500,000	（貸）備　　　　　品	500,000
	（借）減　価　償　却　費	220,000	（貸）備品減価償却累計額	220,000

[解　説]

③ 減価償却費 $= \dfrac{4,500,000円 - 100,000円}{10年} \times \dfrac{6か月}{12か月} = 220,000円$

[参　考]

　電気，ガス，鉄道など公益事業を営む企業が，設備建設に対して利用者から負担金を受け取ったり，国や地方自治体から補助・助成を受けることがある。この場合は**工事負担金受贈益勘定**（収益）で処理する。

(4) 建設仮勘定

　建物を建てるとき，その建設期間中に代金の一部を支払うことがある。このような支出は**建設仮勘定**（資産）に記入しておき，建物が完成し，引渡しを受けたときに，建物勘定（資産）へ振り替える。

問題3　次の取引を仕訳しなさい。

① 工場の建設を依頼し，建設会社に代金の一部4,000,000円を小切手を振り出して支払った。

② 上記工場が完成し，引渡しを受けた。なお，代金の残額6,000,000円は月末に支払うことにした。

[解　答]

①	（借）	建 設 仮 勘 定	4,000,000	（貸）	当 座 預 金	4,000,000
②	（借）	建　　　　物	10,000,000	（貸）	建 設 仮 勘 定	4,000,000
					未　　払　　金	6,000,000

[参　考]

　　建設仮勘定は建設途中の建物，つまり，まだ使用されていない建物に対する支出なので減価償却は行わない。このような固定資産を非償却資産という。

（5）減価償却の計算方法——定率法・生産高比例法

1）定率法

　　期首の未償却残高（取得原価から減価償却累計額を控除した金額）に，一定率を乗じた金額を減価償却費とする方法を**定率法**という。

　　　減価償却費＝（取得原価－減価償却累計額）×償却率

2）生産高比例法

　　固定資産の利用割合に応じた金額を減価償却費とする方法を**生産高比例法**という。

$$減価償却費＝（取得原価－残存価額）×\frac{当期利用高}{総利用可能高}$$

問題4　次の資料に基づき，X1年度期首に取得した車両（取得原価2,000,000円，残存価額200,000円）のX1年度からX3年度の減価償却費を計算しなさい。

　　〔**資料**〕定率法の償却率：0.536，見積走行距離：20万km

　　　　　　実際走行距離：X1年度；10万km，X2年度；6万km，X3年度；4万km

[解　答]

（a）定率法

　　X1年度；1,072,000円，X2年度；497,408円，X3年度；230,592円

（b）生産高比例法

　　X1年度；　900,000円，X2年度；540,000円，X3年度；360,000円

解　説

（a）定率法

　X1年度の減価償却費＝2,000,000円×0.536＝1,072,000円

　X2年度の減価償却費＝（2,000,000円－1,072,000円）×0.536＝497,408円

　X3年度の減価償却費＝（2,000,000円－200,000円）－（1,072,000円＋497,408円）

　　　　　　　　　　＝230,592円

　X3年度の減価償却費をX1年度，X2年度と同じように計算すると230,797円となる。これでは減価償却累計額が1,800,205円となり，要償却額1,800,000円を上回ってしまうので，最終年度の減価償却費は要償却額から期首の減価償却累計額を控除して求める。

（b）生産高比例法

　X1年度の減価償却費＝（2,000,000円－200,000円）×$\dfrac{10万km}{20万km}$＝900,000円

　X2年度の減価償却費＝（2,000,000円－200,000円）×$\dfrac{6万km}{20万km}$＝540,000円

　X3年度の減価償却費＝（2,000,000円－200,000円）×$\dfrac{4万km}{20万km}$＝360,000円

参　考

　税法上，平成24（2012）年4月1日以降に取得した有形固定資産に定率法を適用するときは，定額法の償却率の2倍（例えば，耐用年数が5年の場合は1/5×2＝2/5）の償却率を用いる。これを**200％定率法**という。例えば，X1年度期首に取得した備品（取得原価1,000,000円，残存価額ゼロ，耐用年数5年）のX1年度からX3年度までの減価償却費を200％定率法で計算すれば，以下のとおりある。

　X1年度の減価償却費＝1,000,000円×2/5＝400,000円

　X2年度の減価償却費＝（1,000,000円－400,000円）×2/5＝240,000円

　X3年度の減価償却費＝（1,000,000円－400,000円－240,000円）×2/5

　　　　　　　　　　＝144,000円

200％定率法で計算した減価償却費が償却保証額（＝取得原価×保証率）を下回っ

たら，その年度以降は改定取得原価（期首帳簿価額）に改定償却率を乗じた金額を減価償却費とする。また，最終年度は帳簿価額から1円（備忘価額）を控除した金額を減価償却費とする。例えば，保証率が0.10800，改定償却率が0.500の場合，X4年度とX5年度の減価償却費を計算すれば，以下のとおりである。

　　X4年度の減価償却費：

　　　① （1,000,000円－400,000円－240,000円－144,000円）×2/5＝86,400円

　　　② 1,000,000円×0.10800＝108,000円

　　　→ ①＜② → 改定償却率による減価償却計算を行う。

　　　（1,000,000円－400,000円－240,000円－144,000円）×0.500＝108,000円

　　X5年度の減価償却費

　　　＝（1,000,000円－400,000円－240,000円－144,000円－108,000円）－1円

　　　＝107,999円

なお，平成19（2007）年4月1日から平成24（2012）年3月31日までに取得した固定資産については，250％定率法（定額法の償却率の2.5倍の償却率を使用）が認められている。

また，本書では残存価額を取得原価の10％とする問題が多いが，税法上，平成19（2007）年4月1日以降に取得した固定資産の残存価額はゼロである（最終年度は備忘価額1円まで償却する）。

(6) 減価償却の記帳方法――直接法

減価償却の記帳方法には，償却額を減価償却費勘定（費用）の借方に記入するとともに，固定資産の勘定の貸方に記入し，その残高を直接減額する方法もある。これを**直接法**という。

問題5 146頁**問題4**で，X1年度末に行う仕訳を示しなさい（償却方法は定率法，記帳方法は直接法）。

[解　答]

　　（借）減 価 償 却 費　　　1,072,000　（貸）車 両 運 搬 具　　　1,072,000

(7) 買換え・除却・廃棄

1）買換え

　所有している有形固定資産を下取りに出し，新たに同種の固定資産を購入することを**買換え**という。買換えを行ったときは，下取価額と買換時の帳簿価額との差額を固定資産売却益勘定（下取価額＞帳簿価額，収益）または固定資産売却損勘定（下取価額＜帳簿価額，費用）で処理する。

2）除却

　有形固定資産を事業の用途から取り外すことを**除却**という。固定資産を除却したときは，その処分可能価額を見積もり，**貯蔵品勘定**（資産）で処理する。処分可能価額が除却資産の帳簿価額に満たない場合，その差額は**固定資産除却損勘定**（費用）で処理する。

3）廃棄

　固定資産を廃棄したときは，その帳簿価額を**固定資産廃棄損勘定**（費用）へ振り替える。また，廃棄にかかった費用も固定資産廃棄損勘定で処理する。

問題6　次の取引を仕訳しなさい。ただし，備品の減価償却は定額法，記帳方法は間接法を用いている。なお，会計期間は4月1日から3月31日である。

① X7年4月1日，備品（X1年4月1日取得，取得原価500,000円，残存価額50,000円，耐用年数10年）を下取りに出し，新しい備品600,000円を購入した。下取価額は250,000円で，新備品の代金は下取価額を差し引き，現金で支払った。

② X10年4月1日，備品（X1年4月1日取得，取得原価500,000円，残存価額50,000円，耐用年数10年）を除却した。除却資産の処分可能価額は80,000円である。

③ X11年4月1日，備品（X1年4月1日取得，取得原価500,000円，残存価額50,000円，耐用年数10年）を廃棄した。なお，廃棄費用25,000円は現金で支払った。

解　答

①（借）備　　　　品	600,000	（貸）備　　　　品	500,000
備品減価償却累計額	270,000	現　　　　金	350,000
		固定資産売却益	20,000

② （借）備品減価償却累計額　　　405,000　（貸）備　　　　　　品　　　　500,000
　　　　貯　蔵　品　　　　　　　　 80,000
　　　　固 定 資 産 除 却 損　　　　 15,000
③ （借）備品減価償却累計額　　　450,000　（貸）備　　　　　　品　　　　500,000
　　　　固 定 資 産 廃 棄 損　　　　 75,000　　　　現　　　　　　金　　　　 25,000

解　説

① 買換えは旧資産の下取価額での売却と新資産の購入を仕訳し，その後，借方の現金250,000円と貸方の現金600,000円を相殺すればよい。なお，備品の売却・購入は固定資産台帳に記入するので，旧備品と新備品は相殺しない。

　　（借）現～～～～～金　　　250,000　（貸）備　　　　　　品　　　　500,000
　　　　備品減価償却累計額　　270,000　　　　固 定 資 産 売 却 益　　 20,000
　　（借）備　　　　　　品　　 600,000　（貸）現～～～～～金　　　　600,000

$$備品減価償却累計額 = \frac{500,000円 - 50,000円}{10年} \times 6 年 = 270,000円$$

帳簿価額 = 500,000円 − 270,000円 = 230,000円

固定資産売却損益 = 下取価額 − 帳簿価額

　　　　　　　　　 = 250,000円 − 230,000円 = 20,000円（売却益）

② $$備品減価償却累計額 = \frac{500,000円 - 50,000円}{10年} \times 9 年 = 405,000円$$

帳簿価額 = 500,000円 − 405,000円 = 95,000円

固定資産除却損益 = 処分可能価額 − 帳簿価額

　　　　　　　　　 = 80,000円 − 95,000円 = △15,000円（除却損）

③ $$備品減価償却累計額 = \frac{500,000円 - 50,000円}{10年} \times 10年 = 450,000円$$

帳簿価額 = 500,000円 − 450,000円 = 50,000円

固定資産廃棄損 = 50,000円 + 25,000円 = 75,000円

2　無形固定資産

(1)　無形固定資産

　具体的形態をもたない固定資産を**無形固定資産**といい，特許権や商標権のような法律上の権利と，ソフトウェアやのれんのような経済的価値に区分される。法律上の権利を取得したときは，買入価額に買入手数料などの付随費用を加算した金額を取得原価とする。

特　許　権	特許（新規の発明）を独占的に利用できる権利
実用新案権	実用新案（形態，構造または組合わせに関する考案で産業上利用できるもの）を独占的に利用できる権利
商　標　権	商標（文字，図形，記号）を独占的に利用できる権利
借　地　権	建物の所有を目的として土地を賃借する権利

（注）のれんは**第24章**で解説する。

(2)　無形固定資産の償却

　無形固定資産は残存価額をゼロとする**定額法**による償却を行い，**直接法**で記帳する。償却額は固定資産の名称に「償却」を付けた勘定，例えば，**特許権償却勘定**（費用）で処理する。

問題7　次の取引を仕訳しなさい。

① 4月1日，特許権160,000円を取得し，代金は現金で支払った。

② 3月31日，決算に当たり，上記特許権について，定額法（償却期間8年）による償却を行った。

解　答

①	（借）特　　許　　権	160,000	（貸）現　　　　　金	160,000
②	（借）特　許　権　償　却	20,000	（貸）特　　許　　権	20,000

解　説

② 特許権償却 = 160,000円 × $\dfrac{1 \, 年}{8 \, 年}$ = 20,000円

(3) ソフトウェア

1) ソフトウェア

コンピュータを機能させるように指令を組み合わせて表現したプログラムなどをソフトウェアといい，自社利用を目的としてソフトウェアを購入したときは**ソフトウェア勘定**（資産）で処理する。ソフトウェアも他の無形固定資産と同じように，残存価額をゼロとする**定額法**（償却期間は5年以内）による償却を行い，**直接法**で記帳する。

問題8 次の取引を仕訳しなさい。

① 4月1日，自社利用目的でソフトウェア200,000円を購入し，代金は現金で支払った。

② 3月31日，決算に当たり，上記ソフトウェアについて，定額法（償却期間5年）による償却を行った。

解　答

① （借）ソフトウェア	200,000	（貸）現　　　　　金	200,000
② （借）ソフトウェア償却	40,000	（貸）ソフトウェア	40,000

2) ソフトウェア仮勘定

自社利用ソフトウェアの開発を依頼し，その開発期間中に代金の一部を支払った場合は，**ソフトウェア仮勘定**（資産）に記入しておき，引渡しを受けたときに，ソフトウェア勘定へ振り替える。また，システムの保守費用は**保守費勘定**（費用）で処理する。

問題9 次の取引を仕訳しなさい。

① 自社利用ソフトウェアの制作を依頼し，ソフトウェア会社に代金の一部150,000円を現金で支払った。

② 上記ソフトウェアが完成し，使用を開始した。代金の残額150,000円とシステムの保守費用15,000円は現金で支払った。

解　答

① （借）ソフトウェア仮勘定　　150,000　（貸）現　　　　　金　　150,000
② （借）ソ フ ト ウ ェ ア　　300,000　（貸）ソフトウェア仮勘定　　150,000
　　　　保　　守　　費　　　15,000　　　　現　　　　　金　　165,000

参　考

　自社利用を目的としたソフトウェアの購入代金・制作費を資産として計上できるのは，ソフトウェアの利用により，将来の収益獲得または費用削減が確実な場合に限定される。

（4）研究開発費

　新技術の発見や新製品の開発など，研究・開発のために費やされた人件費，原材料費，減価償却費，研究開発目的にのみ使用する設備の取得原価などを研究開発費といい，**研究開発費勘定**（費用）で処理する。

問題10 次の取引を仕訳しなさい。

① 研究開発部門で働く研究員の給料200,000円を現金で支給した。

② 研究開発目的で使用するために，実験用の機器300,000円を購入し，代金は月末に支払うことにした。

解　答

① （借）研 究 開 発 費　　200,000　（貸）現　　　　　金　　200,000
② （借）研 究 開 発 費　　300,000　（貸）未　　払　　金　　300,000

3　投資その他の資産

(1) 投資その他の資産

　長期的な利殖を得るため，または他企業を支配したり，影響力を行使するために，長期間にわたって保有する資産を**投資その他の資産**という。長期の貸付金や満期保有目的の債券，子会社株式・関連会社株式などがこれに該当する。

(2) 長期前払費用

　前払費用のうち，決算日の翌日から数えて1年以内に費用とならない金額は，**長期前払費用**として処理する。例えば，支払保険料に3年分の前払いがあった場合，1年分は前払保険料勘定（資産）で処理し，2年分は**長期前払保険料勘定**（資産）で処理する。

問題11　次の取引を仕訳しなさい。

　① X1年10月1日，保険料2年分（1か月500円）を現金で支払った。

　② X2年3月31日，決算に当たり，保険料の前払分を次期へ繰り延べた。

解　答

① （借）支 払 保 険 料	12,000	（貸）現　　　　　金	12,000
② （借）前 払 保 険 料	6,000	（貸）支 払 保 険 料	9,000
長 期 前 払 保 険 料	3,000		

解　説

② $前払保険料 = 12,000円 \times \dfrac{12か月　（X2/4/1 \sim X3/3/31）}{24か月} = 6,000円$

　$長期前払保険料 = 12,000円 \times \dfrac{6か月　（X3/4/1 \sim X3/9/30）}{24か月} = 3,000円$

第21章

リース取引

1　ファイナンス・リース取引

(1) ファイナンス・リース取引

　特定の物件（リース物件）の所有者である貸手が，この物件の借手に対して，リース期間にわたりこれを使用する権利を与え，借手は一定の使用料（リース料）を貸手に支払う取引を**リース取引**という。また，リース期間中に，その契約を解除できないリース取引で，借手がリース物件からもたらされる利益を享受し，リース物件の使用に伴って生ずるコストを負担するリース取引を**ファイナンス・リース取引**という。

　ファイナンス・リース取引は形式こそ賃貸借取引であるが，その実質はリース物件の割賦売買取引である。そこで，借手は通常の売買取引に準じた処理を行い，リース物件とこれに係る債務を**リース資産勘定**（資産）と**リース債務勘定**（負債）に記入する。

(2) 利息相当額の処理とリース資産の償却

　リース資産とリース債務の計上額は，リース契約締結時に合意されたリース料の総額とする。これを**利子込み法**という。また，リース料総額に含まれている利息相当額を控除した金額で，リース資産・リース債務を計上することもある。この方法による場合，利息相当額については，リース期間にわたり定額法で配分する。これを**利子抜き法**という。

　また，他の有形固定資産と同じように，リース資産に対しても減価償却を行う。

問題1 次の取引を仕訳しなさい。

① 4月1日，以下の条件で，パソコン（見積現金購入価額330,000円）のリース契約を結んだ。なお，このリース取引はファイナンス・リース取引である。

　リース期間：3年間，リース料：120,000円（毎年3月末日払い）

② 3月31日，第1回目のリース料を現金で支払った。また，決算に当たり，定額法（残存価額ゼロ，耐用年数3年）による減価償却を行った。

解　答

(a) 利子込み法

①	（借）リ ー ス 資 産	360,000	（貸）リ ー ス 債 務	360,000
②	（借）リ ー ス 債 務	120,000	（貸）現　　　　　金	120,000
	（借）減 価 償 却 費	120,000	（貸）リース資産減価償却累計額	120,000

(b) 利子抜き法

①	（借）リ ー ス 資 産	330,000	（貸）リ ー ス 債 務	330,000
②	（借）リ ー ス 債 務	110,000	（貸）現　　　　　金	120,000
	支 払 利 息	10,000		
	（借）減 価 償 却 費	110,000	（貸）リース資産減価償却累計額	110,000

解　説

　ファイナンス・リース取引は，リース物件の所有権が借手に移転するもの（所有権移転ファイナンス・リース取引）と，それ以外（所有権移転外ファイナンス・リース取引）に区分され，減価償却費の算定方法が異なる。所有権移転ファイナンス・リース取引によるリース資産の減価償却費は，自己所有の固定資産に適用する減価償却方法と同一の方法により算定する。これに対して，所有権移転外ファイナンス・リース取引によるリース資産の減価償却費は，残存価額をゼロとする定額法（耐用年数はリース期間）により算定する。

参　考

　ファイナンス・リース契約は，リース期間中の中途解約が禁止されているが，

諸事情により中途で解約したときは，リース料の残額を返済するとともに，リース資産の未償却残高を除去損として処理する。例えば，契約から2年経過した4月1日にリース契約を解除し，残り1年分の未払リース料を現金で支払い，パソコンを返却した場合の仕訳は，以下のとおりである（利子込み法）。

（借）リース債務	120,000	（貸）現 金	120,000
リース資産減価償却累計額	240,000	リース資産	360,000
固定資産除却損	120,000		

(3) 利息の見越計上

利子抜き法を適用している場合で，リース料の支払日と決算日が異なるときは，期末に当期の利息相当額を見越計上する。

問題2　次の取引を仕訳しなさい。利子抜き法で処理すること。

① 7月1日，以下の条件で，パソコン（見積現金購入価額330,000円）のリース契約を結んだ。なお，このリース取引はファイナンス・リース取引である。

リース期間：3年間，リース料：120,000円（毎年6月末日払い）

② 3月31日，決算に当たり，利息の見越計上を行うとともに，定額法（残存価額ゼロ，耐用年数3年）による減価償却を行った。

③ 4月1日，未払利息を支払利息勘定へ振り替えた。

④ 6月30日，第1回目のリース料を現金で支払った。

【解答】

① （借）リース資産	330,000	（貸）リース債務	330,000
② （借）支払利息	7,500	（貸）未払利息	7,500
（借）減価償却費	82,500	（貸）リース資産減価償却累計額	82,500
③ （借）未払利息	7,500	（貸）支払利息	7,500
④ （借）リース債務	110,000	（貸）現 金	120,000
支払利息	10,000		

解 説

③ 支払利息 $= (360,000円 - 330,000円) \times \dfrac{1\,年}{3\,年} \times \dfrac{9\,か月}{12\,か月} = 7,500円$

減価償却費 $= \dfrac{330,000円}{3\,年} \times \dfrac{9\,か月}{12\,か月} = 82,500円$

2　オペレーティング・リース取引

　ファイナンス・リース取引以外のリース取引を**オペレーティング・リース取引**といい，通常の賃貸借取引に準じた処理を行う。つまり，リース料を支払ったときに**支払リース料勘定**（費用）で処理する。また，リース料の支払日と決算日が異なる場合は，期末に当期のリース料を見越計上する。

問題3　次の取引を仕訳しなさい。

① 10月1日，以下の条件で，コピー機のリース契約を結んだ。なお，このリース取引はオペレーティング・リース取引である。

　　リース期間：3年間，リース料：110,000円（毎年9月末日払い）

② 3月31日，決算に当たり，リース料の見越計上を行った。

③ 4月1日，未払リース料を支払リース料勘定へ振り替えた。

④ 9月30日，第1回目のリース料を現金で支払った。

解 答

① 　　仕 訳 な し

② （借）支 払 リ ー ス 料　　　55,000　（貸）未 払 リ ー ス 料　　　55,000

③ （借）未 払 リ ー ス 料　　　55,000　（貸）支 払 リ ー ス 料　　　55,000

④ （借）支 払 リ ー ス 料　　110,000　（貸）現　　　　　　　金　　110,000

第22章

引 当 金

1 引 当 金

　将来の特定の費用で，その発生の原因が当期以前にあり，発生の可能性が高く，その金額を合理的に見積もることができる場合，当期の負担に属する金額を当期の費用として処理する。つまり，期間損益計算を適正に行うため，当期に負担させることが適当な費用を見積計上することができ，その際に生ずる貸方項目を**引当金**という。なお，貸倒引当金のように資産から控除される性質の引当金を**評価性引当金**といい，負債の部に計上される引当金を**負債性引当金**と呼ぶ。

2 負債性引当金

(1) 商品保証引当金

　販売後一定期間内の故障について，無料で修理するという保証を付けて商品を販売している場合，次期以降に発生すると予想される修理費を見積もり，**商品保証引当金繰入勘定**（費用）と**商品保証引当金勘定**（負債）に記入する。

　修理を行い，修理費を支払ったときは，その分だけ商品保証引当金を取り崩す。また，保証期間が経過したときも，商品保証引当金を取り崩し，**商品保証引当金戻入勘定**（収益）へ振り替える。

問題1 次の取引を仕訳しなさい。

　① 決算に当たり，保証を付けて販売した商品の当期売上高1,000,000円に対して，

3％の商品保証引当金を計上した。

② 前期販売した保証付商品について，修理の申入れがあったので，修理業者に修理を依頼し，代金12,000円を現金で支払った。なお，商品保証引当金勘定の残高は30,000円である。

③ 保証期間が経過したため，商品保証引当金勘定の残高18,000円を取り崩した。

解　答

①	（借）商品保証引当金繰入	30,000	（貸）商品保証引当金		30,000
②	（借）商品保証引当金	12,000	（貸）現　　　　　金		12,000
③	（借）商品保証引当金	18,000	（貸）商品保証引当金戻入		18,000

参　考

修理にかかった費用が大きく，商品保証引当金が不足する場合は，**商品保証費勘定**（費用）で処理する。また，当期販売した商品の修理費も商品保証費勘定で処理する。

(2) 修繕引当金

建物や機械などの固定資産に対して毎年行われる通常の修繕が，何らかの事情で行われず，次期以降に回されたとき，その修繕費を当期の費用として見積もり，**修繕引当金繰入勘定**（費用）と**修繕引当金勘定**（負債）に記入する。

修繕を行い，修繕費を支払ったときは，その分だけ修繕引当金を取り崩す。また，支払額が修繕引当金勘定の残高を超える場合，その差額は修繕費勘定（費用）で処理する。

問題2 次の取引を仕訳しなさい。

① 決算に当たり，当期中に行うべきであった機械の修繕費50,000円を見積計上した。

② 機械の修繕を行い，修繕費95,000円を現金で支払った。なお，修繕引当金勘定の残高は50,000円である。

[解　答]

① （借）修繕引当金繰入　　　50,000　（貸）修 繕 引 当 金　　　50,000
② （借）修 繕 引 当 金　　　50,000　（貸）現　　　　　金　　　95,000
　　　　修　　繕　　費　　　45,000

(3) 賞与引当金

　次期に支払われる予定の従業員賞与のうち，当期の負担に属する金額を見積もり，**賞与引当金繰入勘定**（費用）と**賞与引当金勘定**（負債）に記入する。

　賞与を支払ったときは，その分だけ賞与引当金を取り崩す。また，当期発生分は**賞与勘定**（費用）で処理する。

問題3　次の取引を仕訳しなさい。

　① 決算に当たり，賞与引当金の当期繰入額200,000円を計上した。

　② 従業員へ賞与300,000円を現金で支給した。なお，賞与引当金勘定の残高は
　　200,000円である。

[解　答]

① （借）賞 与 引 当 金 繰 入　　200,000　（貸）賞 与 引 当 金　　200,000
② （借）賞　　　　　与　　　100,000　（貸）現　　　　　金　　　300,000
　　　　賞 与 引 当 金　　　200,000

[参　考]

　役員に対する賞与を見積計上するときは，**役員賞与引当金繰入勘定**（費用）と**役員賞与引当金勘定**（負債）に記入する。

(4) 退職給付引当金

　一定の期間にわたり労働を提供したなどの理由に基づき，従業員に対して支払われる退職金や年金を退職給付という。退職給付は労働対価の後払いと考えられるので，次期以降に支払われる退職給付のうち，当期の負担に属する金額

を見積もり，**退職給付費用勘定**（費用）と**退職給付引当金勘定**（負債）に記入する。

　退職金を支払ったとき，または適格退職年金・厚生年金基金に掛金を支払ったときは，その分だけ退職給付引当金を取り崩す。

問題4 次の取引を仕訳しなさい。

① 決算に当たり，従業員に対する退職給付を見積もった結果，当期の負担に属する金額は150,000円と計算された。

② 退職金1,000,000円を現金で支払った。なお，退職給付引当金勘定の残高は5,000,000円である。

③ 適格退職年金へ掛金100,000円を現金で支払った。

解　答

① （借）退 職 給 付 費 用　　　　150,000　（貸）退職給付引当金　　　　150,000
② （借）退職給付引当金　　1,000,000　（貸）現　　　　　金　　1,000,000
③ （借）退職給付引当金　　　100,000　（貸）現　　　　　金　　　100,000

第23章

外貨建取引

1　外貨建取引

　売買価額が外国通貨で表示されている取引を**外貨建取引**という。外貨建取引は取引発生時の為替相場による円換算額で記録し，外貨建売上債権・仕入債務の決済に伴って生ずる損益は，**為替差損益勘定**（収益または費用）で処理する。また，決済前に決算日を迎えた場合，外貨建売上債権・仕入債務は決算日の時価で評価（決算日の為替相場で換算）し，換算差額は為替差損益勘定で処理する。

問題1 次の取引を仕訳しなさい。

① 3月1日，先にアメリカの得意先へ発送していた商品1,000ドルが到着した旨の連絡があり，代金は掛けとした。本日の為替相場は1ドル110円である。

② 3月31日，決算を迎えた。決算日の為替相場は1ドル116円である。

③ 4月30日，アメリカの得意先から1,000ドルの送金があり，当座預金口座へ振り込まれた。本日の為替相場は1ドル120円である。

【解答】

①（借）売　掛　金	110,000	（貸）売　　　　　上	110,000
②（借）売　掛　金	6,000	（貸）為 替 差 損 益	6,000
③（借）当 座 預 金	120,000	（貸）売　掛　金	116,000
		為 替 差 損 益	4,000

【解説】

② 評価替：1,000ドル×116円＝116,000円

116,000円－110,000円＝6,000円（売掛金の増加→為替差益）

③ 受領額：1,000ドル×120円＝120,000円

120,000円－116,000円＝4,000円（受領額の増加→為替差益）

参　考

商品売買に先立ち手付金を受け取った場合，契約負債は受取日の為替相場で換算する。また，商品販売時に生じた売掛金は販売日の為替相場で換算する。例えば，2月25日にアメリカの得意先へ商品1,000ドルを販売する契約を交わし，100ドルを現金で受け取ったとする。当日の為替相場が1ドル108円であれば，

（借）現　　　　　金　　10,800　（貸）契　約　負　債　　　10,800

と仕訳する。3月1日に得意先へ商品1,000ドルを発送したときの仕訳は，以下のとおりである（売上の金額が①と異なることに注意）。

（借）契　約　負　債　　10,800　（貸）売　　　　　上　　 109,800
　　　売　　掛　　金　　99,000

2　為替予約

為替相場の変動によるリスクを回避するため，将来，外貨と円を交換するときに適用される為替相場を前もって予約しておくことを**為替予約**という。為替予約を締結したときは，為替予約による円換算額によって外貨建売上債権・仕入債務を確定させ，決算日に評価替えは行わない。このような処理方法を**振当処理**という。

問題2　次の取引を仕訳しなさい。

① 2月1日，先にアメリカの仕入先へ注文していた商品1,000ドルを受け取り，代金は掛けとした。本日の為替相場は1ドル110円である。

② 3月1日，円貨による支払額を確定するため，1,000ドルを1ドル当たり114円で購入する為替予約契約（為替予約の決済日は4月30日）を取引銀行と締結した。

振当処理を適用するが，2月1日の為替相場による円換算額と為替予約による
円換算額との差額はすべて当期の損益として処理する。本日の為替相場は1ド
ル113円である。

③ 3月31日，決算を迎えた。決算日の為替相場は1ドル116円である。

④ 4月30日，取引銀行との為替予約契約に基づき，アメリカの仕入先に1,000ドル
を当座預金口座から送金した。本日の為替相場は1ドル120円である。

解　答

① （借）仕　　　　　　入　　110,000　（貸）買　　掛　　金　　110,000

② （借）為 替 差 損 益　　　4,000　（貸）買　　掛　　金　　　4,000

③ 　　仕 訳 な し

④ （借）買　　掛　　金　　114,000　（貸）当 座 預 金　　114,000

解　説

② 為替予約額（支払額）：1,000ドル×114円＝114,000円

　114,000円－110,000円＝4,000円（買掛金の増加→為替差損）

③④ 為替予約を結んでいなければ，損失はさらに膨らんでいた。

参　考

　取引発生時に為替予約を締結した場合は，為替予約による円換算額によって買
掛金の金額を確定させる。仕訳を示せば，以下のとおりである。

① （借）仕　　　　　　入　　114,000　（貸）買　　掛　　金　　114,000

　また，取引発生後に為替予約を締結し，振当処理を適用する場合，外貨建売上
債権・仕入債務の発生時の為替相場による円換算額と，為替予約締結時の為替相
場による円換算額との差額（直々差額）は予約日の属する期間の損益とし，予約
締結時の為替相場による円換算額と，予約相場による円換算額との差額（直先差額）
は決済日までの期間にわたって配分する。ただし，後者の金額が重要性に乏しい
場合，これを予約日の属する期間の損益とすることができる。本問はこの処理方
法によるものである。

第24章

純資産（2）

1　株式会社の純資産

　株式会社の純資産は，まず，出資者である株主に帰属する資本（株主資本）と，それ以外（評価・換算差額等）に区分される。さらに，株主資本は株主が払い込んだ金額（資本金，資本剰余金）と，それを活用して獲得した利益の留保額（利益剰余金）に分類される。

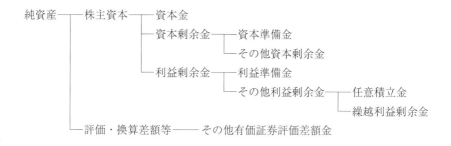

2　株式会社の設立・増資

(1) 株式会社の設立

　会社設立に当たり株式を発行したときは，原則として，株主からの払込金額の全額を資本金としなければならないが，払込金額の2分の1を超えない金額を資本金としないこともできる。資本金に組み入れない金額は**資本準備金勘定**（純資産）で処理する。

　株式募集のための広告費や証券会社の取扱手数料などは，**創立費勘定**（費用）

で処理する。また，会社設立後，営業開始までに支出した開業準備のための費用は**開業費勘定**（費用）で処理する。

問題1 次の取引を仕訳しなさい。

① 会社設立に当たり，株式100株を1株当たり70,000円で発行し，払込金を当座預金とした。なお，会社法が認める最低額を資本金に組み入れた。また，株式発行に関する諸費用100,000円は現金で支払った。

② 店舗開設のための準備費用150,000円を現金で支払った。

解　答

① （借）当　座　預　金	7,000,000	（貸）資　　本　　金	3,500,000
		資　本　準　備　金	3,500,000
（借）創　　立　　費	100,000	（貸）現　　　　　金	100,000
② （借）開　　業　　費	150,000	（貸）現　　　　　金	150,000

参　考

　設立に当たり，会社は発行できる株式数を決め，その範囲内であれば，いつでも自由に株式を発行することができる。ただし，設立時には発行可能株式総数の4分の1以上を発行しなければならない。

(2) 増資

　新株を発行し，増資したときも，払込金額の全額を資本金としなければならない。ただし，設立時と同じように，払込金額の2分の1を超えない金額を資本金には組み入れず，資本準備金とすることもできる。株式発行に要した金額は，**株式交付費勘定**（費用）で処理する。

問題2 未発行株式のうち50株を1株当たり80,000円で発行し，払込金を当座預金とした。なお，会社法が認める最低額を資本金に組み入れた。また，株式発行に関する諸費用45,000円は現金で支払った。この取引を仕訳しなさい。

[解 答]

(借) 当 座 預 金	4,000,000	(貸) 資 本 金	2,000,000
		資 本 準 備 金	2,000,000
(借) 株 式 交 付 費	45,000	(貸) 現 金	45,000

(3) 株式申込証拠金

　新株を発行する場合，会社は新株の引受人から株式申込証と申込証拠金を受け取る。受け取った申込証拠金は**株式申込証拠金勘定**（純資産）で処理し，払込期日に株式の払込金に充当したとき，資本金勘定（純資産）へ振り替える。また，申込証拠金として受け取った現金は株式の割当がすむまで，**別段預金**（通常の銀行業務には用いられない一時的な預金）に預け入れられる。別段預金は**別段預金勘定**（資産）に記入し，払込期日に当座預金勘定（資産）へ振り替える。

問題3 次の取引を仕訳しなさい。

① 株式50株を1株の発行価額80,000円で募集したところ，申込期限までに60株の申込みがあり，発行価額の全額を申込証拠金として受け入れ，別段預金とした。

② 50株分の割当を行い，割当から漏れた10株分の申込みについては，申込証拠金を別段預金から払い戻した。

③ 50株分の申込証拠金を株式の払込金に充当し，別段預金を当座預金に預け替えた。なお，会社法が認める最低額を資本金に組み入れた。

[解 答]

① (借) 別 段 預 金	4,800,000	(貸) 株 式 申 込 証 拠 金	4,800,000
② (借) 株 式 申 込 証 拠 金	800,000	(貸) 別 段 預 金	800,000
③ (借) 株 式 申 込 証 拠 金	4,000,000	(貸) 資 本 金	2,000,000
		資 本 準 備 金	2,000,000
(借) 当 座 預 金	4,000,000	(貸) 別 段 預 金	4,000,000

(4) 剰余金から資本金への振替

　株主総会の決議により，会社は資本剰余金（資本準備金，その他資本剰余金）や利益剰余金（利益準備金，その他利益剰余金）を減少させて，資本金を増加させることができる。

問題4 次の取引を仕訳しなさい。

① 株主総会の決議により，資本準備金600,000円を資本金に組み入れた。

② 株主総会の決議により，利益準備金500,000円を資本金に組み入れた。

解答

① （借）資 本 準 備 金　　600,000　（貸）資　　本　　金　　600,000

② （借）利 益 準 備 金　　500,000　（貸）資　　本　　金　　500,000

参考

　これとは逆に，株主総会の特別決議（通常の決議が過半数の賛成により可決されるのに対し，特別決議は3分の2以上の賛成が必要）と債権者保護手続（資本金を減少することに異議のある債権者に対して，債務の弁済や担保の提供などを行う）により，会社は資本金を減少させて，資本剰余金（資本準備金，その他資本剰余金）を増加させることもできる。例えば，資本金500,000円を減少させて，資本準備金を300,000円，その他資本剰余金を200,000円増加させた場合の仕訳は，以下のとおりである。

　（借）資　　本　　金　　500,000　（貸）資 本 準 備 金　　300,000
　　　　　　　　　　　　　　　　　　　　　その他資本剰余金　　200,000

3　剰余金の配当・処分

(1) 剰余金の配当・処分

繰越利益剰余金勘定で繰り越された利益は，株主総会の決議によって，株主

配当金，利益準備金，各種積立金へ配分される。

剰余金の配当	株主配当金	株主に対して支払われる分配額
剰余金の処分	利益準備金	会社法によって積立てが義務づけられている留保額
	任意積立金	会社の自由意思によって積み立てられる留保額

　株主への配当金は未払配当金勘定（負債）で処理し，利益準備金の積立ては利益準備金勘定（純資産）で処理する。また，任意積立金には特定の目的を定めて積み立てられるものと，特定の目的を定めず積み立てられるものがあり，前者は配当平均積立金勘定（純資産），修繕積立金勘定（純資産），新築積立金勘定（純資産）など，その名称を付けた勘定に，後者は**別途積立金勘定**（純資産）に記入する。

(2) 利益準備金

　繰越利益剰余金の処分に際して株主へ配当を行う場合，会社は会社法の規定によって，その10分の1を利益準備金として積み立てることが義務づけられている。ただし，資本準備金との合計額が資本金の4分の1に達すれば，その必要はない。

問題5　次の取引を仕訳しなさい。

① 株主総会において，繰越利益剰余金を次のように処分することを決議した。なお，資本金，資本準備金，利益準備金の勘定残高は，それぞれ20,000,000円，4,000,000円，900,000円である。

　　配当金：700,000円，別途積立金：100,000円

　　利益準備金：会社法の定める必要額

② 上記①で，利益準備金の勘定残高が950,000円だった場合。

解　答

① （借）繰越利益剰余金　　　870,000　（貸）未 払 配 当 金　　　700,000

　　　　　　　　　　　　　　　　　　　　　利 益 準 備 金　　　　70,000

　　　　　　　　　　　　　　　　　　　　　別 途 積 立 金　　　100,000

② （借）繰越利益剰余金　　　850,000　（貸）未 払 配 当 金　　　700,000

　　　　　　　　　　　　　　　　　　　　　　利 益 準 備 金　　　　50,000

　　　　　　　　　　　　　　　　　　　　　　別 途 積 立 金　　　100,000

解　説

① 配当金 $\times \dfrac{1}{10} = 700,000$円 $\times \dfrac{1}{10} = 70,000$円

　利益準備金の積立必要額

　　$=$ 資本金 $\times \dfrac{1}{4} - ($ 資本準備金 $+$ 利益準備金 $)$

　　$= 20,000,000$円 $\times \dfrac{1}{4} - (4,000,000$円 $+ 900,000$円 $) = 100,000$円

　利益準備金積立額：70,000円（70,000円＜100,000円）

② 利益準備金の積立必要額

　　$= 20,000,000$円 $\times \dfrac{1}{4} - (4,000,000$円 $+ 950,000$円 $) = 50,000$円

　利益準備金積立額：50,000円（70,000円＞50,000円）

(3) その他資本剰余金を財源とした配当

　その他資本剰余金を財源として，株主への配当を行うこともできる。その際，会社は会社法の規定によって，その10分の１を資本準備金として積み立てることが義務づけられている。ただし，利益準備金との合計額が資本金の４分の１に達すれば，その必要はない。

問題6　株主総会において，その他資本剰余金300,000円と繰越利益剰余金200,000円を財源として，株主へ500,000円の配当を行うことを決議した。なお，資本金，資本準備金，利益準備金の勘定残高は，それぞれ20,000,000円，4,000,000円，960,000円である。また，準備金が積立必要額を超過する場合は，配当財源の割合で按分し，積立額を求める。この取引を仕訳しなさい。

解　答

（借）その他資本剰余金	324,000	（貸）未 払 配 当 金	500,000
繰越利益剰余金	216,000	資 本 準 備 金	24,000
		利 益 準 備 金	16,000

解　説

$$その他資本剰余金を財源とする配当金 \times \frac{1}{10} = 300,000円 \times \frac{1}{10} = 30,000円$$

$$繰越利益剰余金を財源とする配当金 \times \frac{1}{10} = 200,000円 \times \frac{1}{10} = 20,000円$$

$$準備金の積立必要額 = 20,000,000円 \times \frac{1}{4} - (4,000,000円 + 960,000円) = 40,000円$$

$$資本準備金積立額 = 40,000円 \times \frac{300,000円}{300,000円 + 200,000円} = 24,000円$$

$$利益準備金積立額 = 40,000円 \times \frac{200,000円}{300,000円 + 200,000円} = 16,000円$$

(4) 損失の処理

　当期純損失が生じた場合，損失額は繰越利益剰余金勘定（純資産）の借方へ振り替えて次期に繰り越す。損失の額が大きく，繰越利益剰余金が借方残高となった（このような状態を欠損という）ときは，任意積立金を取り崩して塡補する。それでも塡補できない場合は，その他資本剰余金を取り崩して塡補するか，繰越利益剰余金勘定の借方残高のまま次期へ繰り越す。

問題7　次の取引を仕訳しなさい。

① 決算に当たり，当期純損失400,000円を計上した。なお，繰越利益剰余金勘定の残高は250,000円（貸方残高）である。

② 株主総会において，繰越利益剰余金勘定の借方残高150,000円を塡補するため，別途積立金100,000円を取り崩すことを決議した。

解答

①	（借）繰越利益剰余金	400,000	（貸）損　　　　　益	400,000
②	（借）別 途 積 立 金	100,000	（貸）繰越利益剰余金	100,000

4　株主資本の計数の変動

(1) 株主資本の計数の変動

　資本準備金から資本金への振替など，株主資本内で計数（金額）を変動させる取引を**株主資本の計数の変動**という。計数を変動させるためには，株主総会の決議や債権者保護手続が必用である。

(2) 剰余金内での振替

1) 資本剰余金内での振替

　株主総会の決議と債権者保護手続により，会社は資本準備金を減少させて，その他資本剰余金を増加させることができる。また，株主総会の決議により，その他資本剰余金を減少させて，資本準備金を増加させることもできる。

問題8　次の取引を仕訳しなさい。

① 株主総会の決議により，資本準備金300,000円をその他資本剰余金へ振り替えた。
② 株主総会の決議により，その他資本剰余金400,000円を資本準備金へ振り替えた。

解答

①	（借）資 本 準 備 金	300,000	（貸）その他資本剰余金	300,000
②	（借）その他資本剰余金	400,000	（貸）資 本 準 備 金	400,000

2) 利益剰余金内での振替

　株主総会の決議により，会社は利益準備金を減少させて，その他利益剰余金を増加させることができる。また，その他利益剰余金を減少させて，利益準備

金を増加させることもできる。

問題9 次の取引を仕訳しなさい。

① 株主総会の決議により，利益準備金500,000円を繰越利益剰余金へ振り替えた。

② 株主総会の決議により，繰越利益剰余金700,000円を別途積立金へ振り替えた。

解答

①	（借）利 益 準 備 金	500,000	（貸）繰越利益剰余金	500,000
②	（借）繰越利益剰余金	700,000	（貸）別 途 積 立 金	700,000

(3) 欠損塡補

　資本と利益を区別する観点から，資本金または資本剰余金から利益剰余金への振替は認められないが，欠損塡補の場合に限り，例外的にこれを行うことができる。その際，資本金または資本準備金をその他資本剰余金へ振り替え，これを繰越利益剰余金に振り替える。

問題10 株主総会において，資本金1,000,000円を減少させて，その他資本剰余金を1,000,000円増加させ，これを取り崩して欠損1,200,000円を塡補することを決議した。この取引を仕訳しなさい。

解答

（借）資　　　本　　　金	1,000,000	（貸）その他資本剰余金	1,000,000
（借）その他資本剰余金	1,000,000	（貸）繰越利益剰余金	1,000,000

5　合　　併

(1) 吸収合併と新設合併

　2つ以上の会社が1つの会社に合体することを**合併**という。合併にはある会

社（存続会社）が他の会社（消滅会社）を吸収する形態の合併と，合併にかかわる会社（消滅会社）を消滅させて，新しい会社（新設会社）を設立する形態の合併がある。前者を**吸収合併**，後者を**新設合併**という。

　合併に当たり，存続会社（または新設会社）は消滅会社の資産と負債を時価で引き継ぎ，受け入れた純資産（＝資産－負債）に対して，消滅会社の株主に株式を交付する。株式の交付に加えて，現金の支払いを行うこともある。

(2) のれん

　受け入れた純資産に対して，交付される株式の公正な価額（時価）がこれををを上回る場合，その超過額は**のれん勘定**（資産）で処理する。のれんは残存価額をゼロとする**定額法**（償却期間は20年以内）による償却を行い，**直接法**で記帳する。その際，償却額は**のれん償却勘定**（費用）で処理する。逆に，交付される株式の公正な価額が受入純資産を下回る場合は，**負ののれん発生益勘定**（収益）で処理する。

　また，合併により交付される株式の資本組入額が，その株式の公正な価額よりも少ないとき，その差額は資本準備金勘定（純資産）またはその他資本剰余金勘定（純資産）で処理する。

問題11　次の取引を仕訳しなさい。

① 4月1日，上原商事は，以下のような状態の神里物産を吸収合併することにし，同社の株主に対して新株400株を交付した。なお，上原商事の株式の時価は1株当たり60,000円であり，その全額を資本金に組み入れた。また，神里物産の諸資産の時価は52,000,000円であった。

貸借対照表

諸　資　産	50,000,000	諸　負　債	30,000,000
		資　本　金	12,000,000
		資本剰余金	5,000,000
		利益剰余金	3,000,000
	50,000,000		50,000,000

② 上記①で，1株当たり50,000円を資本金，6,000円を資本準備金に組み入れた場合（残額はその他資本剰余金とする）。

③ 上記①で，神里物産の株主に対して新株350株を交付した場合。

④ 3月31日，決算に当たり，上記①で発生したのれんについて，定額法（償却期間20年）による償却を行った。

解答

①	（借）	諸	資	産	52,000,000	（貸）	諸		負	債	30,000,000
		の	れ	ん	2,000,000		資		本	金	24,000,000
②	（借）	諸	資	産	52,000,000	（貸）	諸		負	債	30,000,000
		の	れ	ん	2,000,000		資		本	金	20,000,000
							資	本	準	備 金	2,400,000
							その他資本剰余金				1,600,000
③	（借）	諸	資	産	52,000,000	（貸）	諸		負	債	30,000,000
							資		本	金	21,000,000
							負ののれん発生益				1,000,000
④	（借）	の れ ん 償 却			100,000	（貸）	の		れ	ん	100,000

解説

① のれん＝60,000円×400株－（52,000,000円－30,000,000円）＝2,000,000円

③ 負ののれん＝60,000円×350株－（52,000,000円－30,000,000円）＝△1,000,000円

④ のれん償却＝2,000,000円×$\dfrac{1年}{20年}$＝100,000円

(3) 事業譲受

　ある会社が他の会社の事業の全部または一部を，現金などを支払うことによって譲り受けることを**事業譲受**という。合併と同じように，譲受企業は譲り受けた資産と負債を時価で評価し，対価として支払った金額が，その差額を上回る場合は，のれん勘定で処理する。

問題12 次の取引を仕訳しなさい。

① 4月1日，茅野商会は，城間産業の通販事業部を譲り受け，現金1,000,000円を支払った。なお，同事業部の諸資産の帳簿価額は1,400,000円（時価は1,500,000円），諸負債の帳簿価額は800,000円（時価も800,000円）であった。

② 3月31日，決算に当たり，上記①で発生したのれんについて，定額法（償却期間20年）による償却を行った。

解答

① （借）諸　資　産　　1,500,000　（貸）諸　負　債　　　800,000
　　　　　の　れ　ん　　　300,000　　　　現　　　金　　1,000,000
② （借）のれん償却　　　　15,000　（貸）の　れ　ん　　　　15,000

第25章

税　金 (2)

1　法人税等

(1) 法人税等の追徴と還付

　　納付すべき法人税等の額よりも実際に納付した金額が少なかった場合，税務署から追加の納付が求められる。これを追徴という。また，申告することによって，納付した法人税等の一部が払い戻されることがあり，これを還付という。法人税の追徴を求められたときは**追徴法人税等勘定**（費用）で処理し，還付を受けたときは**還付法人税等勘定**（費用の評価勘定）で処理する。

問題1　次の取引を仕訳しなさい。

① 過年度の法人税について，追徴額100,000円を現金で納付した。

② 過年度の法人税について，還付額50,000円を現金で受け取った。

[解　答]

① （借）追 徴 法 人 税 等　　100,000　（貸）現　　　　　　金　　100,000
② （借）現　　　　　　金　　　50,000　（貸）還 付 法 人 税 等　　　50,000

[参　考]

　　法人税等の還付が決定し，それをまだ受け取っていない場合は**未収還付法人税等勘定**（資産）で処理する。

(2) 利息・配当金に係る法人税等

　　利息や配当金を受け取る場合，実際に受け取る金額は税金が差し引かれた後

の金額であり，源泉徴収分は仮払法人税等勘定（資産）で処理する。

問題2 次の取引を仕訳しなさい。

① 定期預金1,000,000円（1年満期，利率年3％）が満期となったので，源泉徴収税20％控除後の利息を加えた金額を更新した。

② 銀行から当座預金口座へ配当金80,000円（源泉徴収税20％控除後）の入金があった旨の連絡があった。

解答

①	（借）定　期　預　金	1,024,000	（貸）定　期　預　金	1,000,000
	仮払法人税等	6,000	受　取　利　息	30,000
②	（借）当　座　預　金	80,000	（貸）受　取　配　当　金	100,000
	仮払法人税等	20,000		

解説

① 受取利息 ＝ 1,000,000円 × 3％ ＝ 30,000円

　仮払法人税等 ＝ 30,000円 × 20％ ＝ 6,000円

② 受取配当金 ＝ $\dfrac{80,000円}{100\% - 20\%}$ ＝ 100,000円

　仮払法人税等 ＝ 100,000円 × 20％ ＝ 20,000円

2　課税所得の計算

　法人税の課税標準となる各年度の所得を**課税所得**といい，課税所得に税率を乗じて法人税額を算定する。

　　法人税額 ＝ 課税所得 × 税率

　会計上の利益は収益から費用を控除して求め，課税所得は益金から損金を控除して求める。

　　利　　益＝収益−費用

　　課税所得＝益金−損金

　利益と課税所得は，ともに企業の儲けを表すものであるが，課税上の公平を図るためや，産業振興を促すためなどの理由により，両者には差異が生ずる。つまり，「収益≠益金」「費用≠損金」なので，「利益≠課税所得」となる。

　「収益≠益金」となるのは，収益に計上していなくても益金として処理される項目（益金算入項目）と，収益に計上していても益金として認められない項目（益金不算入項目）があるからであり，また，「費用≠損金」となるのは，費用に計上していなくても損金として処理される項目（損金算入項目）と，費用に計上していても損金として認められない項目（損金不算入項目）があるからである。したがって，課税所得の計算は会計上の利益を出発点とし，これらの差異を調整して行われる。

　　課税所得

　　＝利益＋益金算入額＋損金不算入額−益金不算入額−損金算入額

問題3　次の①②について，法人税等を計上する仕訳を行いなさい。なお，法人税等の実効税率は30%とする。

　① 当期（X1年度）の税引前当期純利益は1,200,000円であったが，課税所得の計算上，減価償却費のうち200,000円が損金として認められなかった。

　② 当期（X2年度）の税引前当期純利益も1,200,000円であったが，課税所得の計算上，前期，損金不算入とされた減価償却費200,000円が損金として認められた。

解答

① （借）法人税,住民税及び事業税　　420,000　（貸）未 払 法 人 税 等　　420,000

② （借）法人税,住民税及び事業税　　300,000　（貸）未 払 法 人 税 等　　300,000

解説

① 未払法人税等＝(1,200,000円＋200,000円)×30%＝420,000円

② 未払法人税等＝(1,200,000円−200,000円)×30%＝300,000円

3　税効果会計

(1) 税効果会計

　前節で学んだように，会計上の利益と税法上の課税所得は異なるので，課税所得に基づいて計算された法人税額をそのまま損益計算書に計上すると，税引前当期純利益と法人税，住民税及び事業税（以下，法人税等と略す）が期間的に対応せず，当期純利益は企業の業績を適切に示さない。例えば，180頁**問題3**では，X1年度，X2年度ともに税引前当期純利益は1,200,000円なのに，法人税等の額が異なるため，当期純利益はX1年度が780,000円，X2年度が900,000円となってしまう。

　このような事態を解消し，税引前当期純利益と法人税等を合理的に対応させるため，法人税等の額を期間配分する手続を**税効果会計**という。また，税効果会計の対象となる差異を**一時差異**といい，収益・費用の帰属（認識）年度が相違する場合や，資産の評価替えにより生じた評価差額が直接純資産の部に計上され，課税所得の計算に含まれていない場合に生ずる。

(2) 貸倒引当金・減価償却費に係る税効果

　貸倒引当金繰入額は会計上，過去の貸倒実績率などを基に算定するが，税法上は繰入限度額が定められている。したがって，繰入限度額を超える貸倒引当金繰入額は，税法上の損金には算入されない。また，減価償却費も税法上で償却限度額が定められている。そのため，償却限度額を超える減価償却費も，税法上，損金に算入されない。

　これらの差異は，発生したときに課税所得（納税額）を増加させるが，解消時の課税所得（納税額）を減少させる効果（税金の前払効果）をもつので，差異が発生したとき，**繰延税金資産勘定**（資産）の借方に記入する。また，**法人税等調整額勘定**（法人税等の加算または減算項目）の貸方に記入することによって，その分だけ法人税等を減額する。

　差異解消時には，発生時の仕訳の反対仕訳を行い，繰延税金資産と法人税等

調整額を相殺する。

問題4 180頁**問題3**について，税効果会計を適用する場合の仕訳を行いなさい。

解　答

① （借）繰 延 税 金 資 産　　　　60,000　（貸）法 人 税 等 調 整 額　　　　60,000
② （借）法 人 税 等 調 整 額　　　　60,000　（貸）繰 延 税 金 資 産　　　　60,000

解　説

　繰延税金資産＝200,000円×30%＝60,000円

　これらの仕訳を行うことによって，X1年度の法人税等は360,000円（＝420,000円－60,000円），X2年度の法人税等も360,000円（＝300,000円＋60,000円）となり，X1年度とX2年度の税引前当期純利益と合理的に対応する（1,200,000円×30%＝360,000円）。両年度の損益計算書を示せば，以下のとおりである。

	X1年度		X2年度	
税引前当期純利益		1,200,000		1,200,000
法人税，住民税及び事業税	420,000		300,000	
法人税等調整額	△60,000	360,000	60,000	360,000
当期純利益		840,000		840,000

(3) その他有価証券に係る税効果

　その他有価証券の評価替えによって，会計上の資産・負債の額と税法上の資産・負債の額に相違が生ずる。したがって，これも税効果会計の対象となるが，評価差額は損益に計上されず，法人税等の額を調整する必要はないので，法人税等調整額勘定は用いない。

問題5 次の取引を仕訳しなさい。なお，法人税等の実効税率は30%とする。

① 決算に当たり，長期利殖を目的として保有している砂川産業の株式（1株当たり70,000円で購入）10株を1株73,000円に評価替えした。

② 上記①で，1株66,000円に評価替えした場合。

[解　答]

① （借）そ の 他 有 価 証 券　　　　30,000　（貸）その他有価証券評価差額金　　　21,000
　　　　　　　　　　　　　　　　　　　　　　　　 繰 延 税 金 負 債　　　　 9,000
② （借）その他有価証券評価差額金　　28,000　（貸）そ の 他 有 価 証 券　　　40,000
　　　 繰 延 税 金 資 産　　　　　12,000

(4) 繰延税金資産と繰延税金負債の表示

　繰延税金資産は固定資産（投資その他の資産）の区分に，繰延税金負債は固定負債の区分に表示する。また，繰延税金資産と繰延税金負債は，双方を相殺して表示する。

4　固定資産税

　固定資産税は4月，7月，12月，翌年2月の4期に分けて納付する。そこで，納税通知書を受け取ったときは，その全額を租税公課勘定（費用）と**未払固定資産税勘定**（負債）に記入しておき，納付したときに，その分だけ未払固定資産税を減額する。

問題6　次の取引を仕訳しなさい。

① 固定資産税240,000円の納税通知書を受け取った。

② 上記固定資産税の第1期分60,000円を現金で納付した。

[解　答]

① （借）租　税　公　課　　　240,000　（貸）未払固定資産税　　　240,000
② （借）未払固定資産税　　　 60,000　（貸）現　　　　　金　　　 60,000

第26章

決 算 (2)

1 決算整理

第12章で学んだように，決算に当たり，決算整理仕訳を行って，各勘定残高が正しい有高または発生高を表すようにしなければならない。これまでに取り上げた主な決算整理事項は，現金過不足の処理（38頁），当座借越の振替（41頁），銀行勘定の調整（105頁），外貨建売上債権・仕入債務の換算（163頁），貸倒引当金の設定（56，119頁），商品の期末評価（110頁），売買目的有価証券の評価（137頁），満期保有目的債券の償却（139頁），その他有価証券の評価（141頁），減価償却（73，146頁），無形固定資産の償却（151頁），負債性引当金の設定（159頁），売上原価の算定（82頁），費用・収益の前払い・前受けと未払い・未収（84，154頁），貯蔵品の処理（87頁），法人税等の計上（79頁），税効果会計の適用（181頁），消費税の処理（81頁）である。

決算整理後の勘定残高に基づき，損益計算書，貸借対照表，株主資本等変動計算書を作成する。

2 損益計算書

(1) 勘定式と報告式

損益計算書の表示様式には，勘定式と報告式の２つの様式がある。**勘定式**とは，収益・費用の各項目を左右対照に記載する様式である。また，最初に売上高を示し，それに収益・費用の各項目を加減して上から下に記載する様式を**報告式**という。

(2) 区分表示

　収益と費用は通常の活動によるもの（経常収益・経常費用）と，それ以外のもの（特別利益・特別損失）に大別され，また，経常収益と経常費用は営業活動によるもの（営業収益・営業費用）と，それ以外のもの（営業外収益・営業外費用）に区別される。さらに，営業費用は売上原価と販売費及び一般管理費に区分され，この区分に基づき，損益計算書では売上総利益の計算，営業利益の計算，経常利益の計算，当期純利益の計算が行われる。

　　　売上総利益＝売上高－売上原価

　　　営 業 利 益＝売上総利益－販売費及び一般管理費

　　　経 常 利 益＝営業利益＋営業外収益－営業外費用

　　　税引前当期純利益＝経常利益＋特別利益－特別損失

　　　当期純利益＝税引前当期純利益－法人税，住民税及び事業税

販売費及び一般管理費	給料，旅費交通費，通信費，水道光熱費，支払家賃，支払保険料，減価償却費など
営業外収益	受取利息，有価証券利息，受取配当金，有価証券評価益，有価証券売却益，償却債権取立益，為替差益など
営業外費用	支払利息，手形売却損，有価証券評価損，有価証券売却損，創立費，開業費，株式交付費，為替差損など
特 別 利 益	固定資産売却益，保険差益など
特 別 損 失	固定資産売却損，火災損失など

3　貸借対照表

(1) 勘定式と報告式

　貸借対照表の表示様式には，勘定式と報告式の2つの様式がある。**勘定式**とは，資産・負債・純資産の各項目を左右対照に記載する様式である。また，資産・負債・純資産の各項目を上から下に記載する様式を**報告式**という。

(2)　区分表示

　貸借対照表には資産の部，負債の部，純資産の部を設け，資産の部は流動資産と固定資産に，負債の部は流動負債と固定負債に，また，純資産の部は株主資本と評価・換算差額等に区分して表示する。

　資産と負債を流動・固定に区分する基準には，**正常営業循環基準**と**1年基準**の2つの基準がある。まず，前者を適用して流動・固定に区分し，この基準で分類できない資産・負債については，後者を適用する。

1）正常営業循環基準

　正常営業循環基準とは，企業の通常の営業プロセスである「現金→商品→受取手形・売掛金→現金」というサイクルにある資産・負債を流動資産・流動負債とする基準である。

2）1年基準

　貸借対照表の作成日の翌日から数えて，1年以内に回収される資産を流動資産，1年以内に支払われる負債を流動負債とする基準を1年基準という。

資産の部	流動資産	現金預金，受取手形，売掛金，有価証券，短期貸付金，商品，前払金，未収入金，前払費用，未収収益など
	固定資産	有形固定資産　備品，車両運搬具，建物，土地など
		無形固定資産　特許権，のれん，ソフトウェアなど
		投資その他の資産　長期貸付金，投資有価証券，関係会社株式など
負債の部	流動負債	支払手形，買掛金，短期借入金，未払金，前受金，未払費用，前受収益，商品保証引当金など
	固定負債	長期借入金，長期未払金，退職給付引当金など
純資産の部	株主資本	資本金
		資本剰余金　資本準備金，その他資本剰余金
		利益剰余金　利益準備金，任意積立金，繰越利益剰余金
	評価・換算差額等	その他有価証券評価差額金

問題1　次の資料に基づき，損益計算書と貸借対照表を作成しなさい。なお，会計期間はX3年4月1日からX4年3月31日までの1年間である。また，税効果会計を適

用し，法人税等の実効税率は30%とする。

〔資料1〕決算整理前残高試算表

決算整理前残高試算表
X4年3月31日

勘定科目	借方	勘定科目	貸方
現 金 預 金	44,820	支 払 手 形	21,000
受 取 手 形	22,000	買 掛 金	31,000
売 掛 金	60,000	貸 倒 引 当 金	2,000
有 価 証 券	74,000	退 職 給 付 引 当 金	36,000
繰 越 商 品	61,000	建物減価償却累計額	60,000
貸 付 金	50,000	備品減価償却累計額	18,000
仮 払 法 人 税 等	5,000	資 本 金	550,000
建 物	300,000	資 本 準 備 金	60,000
備 品	50,000	利 益 準 備 金	16,000
建 設 仮 勘 定	200,000	別 途 積 立 金	10,000
の れ ん	18,000	繰 越 利 益 準 備 金	8,500
繰 延 税 金 資 産	180	売 上	600,000
仕 入	280,000	受 取 利 息	1,500
給 料	190,000	固 定 資 産 売 却 益	1,000
支 払 保 険 料	60,000		
	1,415,000		1,415,000

〔資料2〕決算整理事項とその他の修正事項

① 当座預金の帳簿残高と銀行の残高証明書残高が一致していなかったので，不一致の原因を調べたところ，以下の事実が判明した。

a. 買掛金を支払うために振り出した小切手4,000円が，銀行にまだ呈示されていなかった。

b. 買掛金を支払うために作成した小切手3,000円が，未渡しであった。

c. 売掛金2,000円が当座預金口座へ振り込まれていたが，その連絡がまだ届いていなかった。

② 買掛金のうち11,000円は，期中に外貨建てで生じたもの（輸入時の為替相場は１ドル110円）である。決算日の為替相場は１ドル105円であった。

③ 債権について，次のように貸倒れを見積もる。なお，試算表上の貸倒引当金は，すべて売上債権に対するものであり，貸倒引当金の設定は差額補充法による。

　1．売上債権：

　　・A社の売掛金10,000円に対しては，債権額から担保処分見込額1,000円を控除した残額の50％

　　・その他の売上債権に対しては，期末残高の２％

　2．貸付金：期末残高の１％

④ 有価証券の内訳は，以下のとおりである。

	保有目的	帳簿価額	時　　価	備考
B社株式	売　　買	22,000円	20,000円	－
C社株式	長期利殖	28,000円	31,000円	注1
D社株式	会社支配	24,000円	23,000円	注2

　注1）評価差額の計上は全部純資産直入法による。

　注2）D社は当社の子会社である。

⑤ 商品の期末棚卸高は，以下のとおりである。

　　帳簿棚卸高　　　数量　200個　　　原　　　価　@300円

　　実地棚卸高　　　数量　190個　　　正味売却価額　@290円

　棚卸減耗損と商品評価損は，売上原価の内訳項目として表示する。

⑥ 仮払法人税等は，法人税等の中間納付額を計上したものである。法人税等を10,020円計上する。

⑦ 建設仮勘定は建物の新築に関するもので，X3年10月１日に完成し，引渡しを受け，同日から使用していたが，その処理が行われていなかった。

⑧ 固定資産の減価償却を以下のとおり行う。

　　建物：定額法；耐用年数９年，残存価額は取得原価の10％

　　備品：定率法；償却率20％

⑨ のれんはX2年４月１日に取得したものであり，定額法（償却期間10年）による償却を行っている。

⑩ 今月の給料11,600円が未払いである。

⑪ 支払保険料60,000円は，X3年6月1日に向こう2年分を前払いしたものである。

⑫ 従業員に対する退職給付を見積もった結果，当期の負担に属する金額は3,000円と計算された。

⑬ 税効果会計上の一時差異は，以下のとおりである。

	期首	期末
貸倒引当金損金算入限度超過額	600円	1,300円

解答

損益計算書
自X3年4月1日　至X4年3月31日　　（単位：円）

Ⅰ　売　　上　　高			600,000
Ⅱ　売　上　原　価			
1　期首商品棚卸高		61,000	
2　当期商品仕入高		280,000	
合　　　　計		341,000	
3　期末商品棚卸高		60,000	
差　　　引		281,000	
4　棚　卸　減　耗　損		3,000	
5　商　品　評　価　損		1,900	285,900
売　上　総　利　益			314,100
Ⅲ　販売費及び一般管理費			
1　給　　　　　料		201,600	
2　支　払　保　険　料		25,000	
3　貸　倒　引　当　金　繰　入		3,900	
4　減　価　償　却　費		46,400	
5　の　れ　ん　償　却		2,000	
6　退　職　給　付　費　用		3,000	281,900
営　業　利　益			32,200
Ⅳ　営　業　外　収　益			
1　受　取　利　息		1,500	
2　為　替　差　益		500	2,000

V　営　業　外　費　用

1　貸倒引当金繰入	500	
2　有価証券評価損	2,000	2,500
経　常　利　益		31,700

VI　特　別　利　益

1　固定資産売却益		1,000
税引前当期純利益		32,700
法人税,住民税及び事業税	10,020	
法人税等調整額	△210	9,810
当　期　純　利　益		22,890

貸借対照表
X4年3月31日

（単位：円）

資　産　の　部			負　債　の　部		
I　流　動　資　産			I　流　動　負　債		
1　現　金　預　金		49,820	1　支　払　手　形		21,000
2　受　取　手　形	22,000		2　買　　掛　　金		33,500
貸　倒　引　当　金	440	21,560	3　未　払　費　用		11,600
3　売　　掛　　金	58,000		4　未　払　法　人　税　等		5,020
貸　倒　引　当　金	5,460	52,540	流　動　負　債　合　計		71,120
4　有　価　証　券		20,000	II　固　定　負　債		
5　商　　　　品		55,100	1　退　職　給　付　引　当　金		39,000
6　貸　　付　　金	50,000		2　繰　延　税　金　負　債		510
貸　倒　引　当　金	500	49,500	固　定　負　債　合　計		39,510
7　前　払　費　用		30,000	負　債　合　計		110,630
流　動　資　産　合　計		278,520			
II　固　定　資　産			純　資　産　の　部		
有　形　固　定　資　産			I　株　主　資　本		
1　建　　　　物	500,000		1　資　　本　　金		550,000
減価償却累計額	100,000	400,000	2　資　本　剰　余　金		
2　備　　　　品	50,000		資　本　準　備　金		60,000
減価償却累計額	24,400	25,600	3　利　益　剰　余　金		
有　形　固　定　資産合計		425,600	利　益　準　備　金	16,000	
無　形　固　定　資　産			別　途　積　立　金	10,000	
1　の　　れ　　ん		16,000	繰　越　利　益　剰　余　金	31,390	57,390

無形固定資産合計	16,000	株 主 資 本 合 計		667,390
投資その他の資産		Ⅱ 評価・換算差額等		
1 投 資 有 価 証 券	31,000	その他有価証券評価差額金		2,100
2 関 係 会 社 株 式	24,000	評価・換算差額等合計		2,100
3 長 期 前 払 費 用	5,000	純 資 産 合 計		669,490
投資その他の資産合計	60,000			
固 定 資 産 合 計	501,600			
資 産 合 計	780,120	負債・純資産合計		780,120

解　説

① 当座預金（現金預金）の修正

a.　　仕　訳　な　し

b.（借）現　金　預　金　　3,000　（貸）買　　掛　　金　　3,000

c.（借）現　金　預　金　　2,000　（貸）売　　掛　　金　　2,000

② 為替差損益の計上

　（借）買　　掛　　金　　500　（貸）為　替　差　損　益　　500

　評価替：（11,000円÷110円）×105円＝10,500円

　為替差損益＝11,000円－10,500円＝500円

③ 貸倒引当金の設定

　（借）貸 倒 引 当 金 繰 入　　3,900　（貸）貸 倒 引 当 金　　3,900

　A社の売掛金に対する貸倒見積額：（10,000円－1,000円）×50％＝4,500円

　その他の売上債権に対する貸倒見積額：

　（22,000円＋60,000円－2,000円－10,000円）×2％＝1,400円

　貸倒引当金繰入＝4,500円＋1,400円－2,000円＝3,900円

　（借）貸 倒 引 当 金 繰 入　　500　（貸）貸 倒 引 当 金　　500

　貸付金に対する貸倒見積額：50,000円×1％＝500円

④ 有価証券の処理

　（借）売買目的有価証券　　22,000　（貸）有　価　証　券　　22,000

　（借）有 価 証 券 評 価 損　　2,000　（貸）売買目的有価証券　　2,000

　　有価証券評価損益＝22,000円－20,000円＝△2,000円（評価損）

　　（借）その他有価証券　　　　28,000　（貸）有　価　証　券　　　28,000

　　（借）その他有価証券　　　　　3,000　（貸）その他有価証券評価差額金　　2,100

　　　　　　　　　　　　　　　　　　　　　　　繰 延 税 金 負 債　　　　900

　　繰延税金負債＝（31,000円－28,000円）×30％＝900円

　　（借）子 会 社 株 式　　　　24,000　（貸）有　価　証　券　　　24,000

　売買目的有価証券，その他有価証券，子会社株式は，貸借対照表上では有価証券，

投資有価証券，関係会社株式と表示する。

⑤ 売上原価の算定と期末商品の評価

　　（借）仕　　　　　　　入　　　61,000　（貸）繰　越　商　品　　　61,000

　　（借）繰　越　商　品　　　　60,000　（貸）仕　　　　　　　入　　　60,000

　　（借）棚 卸 減 耗 損　　　　　3,000　（貸）繰　越　商　品　　　　4,900

　　　　　商 品 評 価 損　　　　　1,900

　　（借）仕　　　　　　　入　　　　4,900　（貸）棚 卸 減 耗 損　　　　3,000

　　　　　　　　　　　　　　　　　　　　　　　商 品 評 価 損　　　　1,900

　　棚卸減耗損＝（200個－190個）×300円＝3,000円

　　商品評価損＝（300円－290円）×190個＝1,900円

⑥ 法人税等の計上

　　（借）法人税,住民税及び事業税　　10,020　（貸）仮 払 法 人 税 等　　　5,000

　　　　　　　　　　　　　　　　　　　　　　　未 払 法 人 税 等　　　5,020

⑦ 建設仮勘定の処理

　　（借）建　　　　　　　物　　200,000　（貸）建 設 仮 勘 定　　200,000

⑧ 減価償却費の計上

　　（借）減 価 償 却 費　　　　46,400　（貸）建物減価償却累計額　　40,000

　　　　　　　　　　　　　　　　　　　　　　　備品減価償却累計額　　6,400

　建物：旧；（300,000円－30,000円）÷9年＝30,000円

　　　　　新；｛（200,000円－20,000円）÷9年｝×6か月/12か月＝10,000円

　備品：（50,000円－18,000円）×20％＝6,400円

⑨ のれんの償却

（借）の れ ん 償 却　　　2,000　（貸）の　　れ　　ん　　　2,000

のれん償却＝18,000円÷（10年－1年）＝2,000円

⑩ 未払給料の計上

（借）給　　　　　料　　　11,600　（貸）未 払 給 料　　　11,600

⑪ 前払保険料・長期前払保険料の計上

（借）前 払 保 険 料　　　30,000　（貸）支 払 保 険 料　　　35,000

　　　長期前払保険料　　　5,000

前払保険料＝60,000円÷24か月×12か月（X4/ 4 / 1 ～X5/ 3 /31）＝30,000円

長期前払保険料＝60,000円÷24か月× 2 か月（X5/ 4 / 1 ～X5/ 5 /31）＝5,000円

⑫ 退職給付引当金の計上

（借）退 職 給 付 費 用　　　3,000　（貸）退 職 給 付 引 当 金　　　3,000

⑬ 繰延税金資産の計上

（借）繰 延 税 金 資 産　　　210　（貸）法 人 税 等 調 整 額　　　210

繰延税金資産＝（1,300円－600円）×30％＝210円

繰延税金資産は決算整理前残高試算表の金額（180円）と合わせて390円になる

が，④の繰延税金負債900円と相殺し，繰延税金負債510円を固定負債の区分に

表示する。

4　株主資本等変動計算書

　貸借対照表の純資産の部の一会計期間における変動額のうち，主として，株主資本の各項目の変動事由を報告するために作成する計算書を**株主資本等変動計算書**という。株主資本の各項目は，当期首残高，当期変動額，当期末残高に区分し，当期変動額は変動事由ごとにその金額を表示する。

問題2 次の資料に基づき，株主資本等変動計算書を作成しなさい。なお，会計期間はX6年4月1日からX7年3月31日までの1年間である。

〔**資料1**〕　前期末（X6年3月31日）の純資産

　　資本金　10,000円，資本準備金　1,000円，その他資本剰余金　500円

　　利益準備金　1,000円，別途積立金　500円，繰越利益剰余金　2,000円

　　その他有価証券評価差額金　100円

〔**資料2**〕　純資産にかかわる期中取引

① X6年6月25日に開催された株主総会において，繰越利益剰余金を次のように処分することを決議した。

　　配当金：1,000円，利益準備金：会社法の定める最低額，別途積立金：500円

② X6年9月1日に増資を行い，10株を1株当たり800円で発行し，払込金は当座預金とした。なお，会社法が認める最低額を資本金に組み入れた。

③ X6年12月1日に安里物産（諸資産：15,000円，諸負債：6,500円。金額はいずれも時価）を吸収合併し，同社の株主に対して新株10株を交付した。なお，当社の株式の時価は1株当たり850円であり，1株当たり500円を資本金に組み入れ，残額は資本準備金とした。

④ その他有価証券（前期末時価1,100円，当期末時価1,150円）について時価評価を行い，全部純資産直入法により，評価差額を純資産に計上した。なお，当期中にその他有価証券の売買は行われていない。

⑤ X7年3月31日，当期純利益1,400円を計上した。

解答

株主資本等変動計算書
自X6年4月1日　至X7年3月31日　　　（単位：円）

| | 株主資本 | | | | | | | その他有価証券評価差額金 | 純資産合計 |
| | 資本金 | 資本剰余金 | | 利益剰余金 | | | 株主資本合計 | | |
		資本準備金	その他資本剰余金	利益準備金	別途積立金	繰越利益剰余金			
当期首残高	10,000	1,000	500	1,000	500	2,000	15,000	100	15,100
当期変動額									
剰余金の配当等				100	500	△1,600	△1,000		△1,000
新株の発行	4,000	4,000					8,000		8,000
吸収合併	5,000	3,500					8,500		8,500

						1,400	1,400		1,400
当期純利益						1,400	1,400		1,400
株主資本以外の変動額（純額）								50	50
当期変動額合計	9,000	7,500	0	100	500	△200	16,900	50	16,950
当期末残高	19,000	8,500	500	1,100	1,000	1,800	31,900	150	32,050

解　説

① （借）繰越利益剰余金　　　　　1,600　（貸）未 払 配 当 金　　　　1,000

　　　　　　　　　　　　　　　　　　　　　　　別 途 積 立 金　　　　　500

　　　　　　　　　　　　　　　　　　　　　　　利 益 準 備 金　　　　　100

② （借）当 座 預 金　　　　　　　8,000　（貸）資　　本　　金　　　4,000

　　　　　　　　　　　　　　　　　　　　　　　資 本 準 備 金　　　　4,000

③ （借）諸　　資　　産　　　　　15,000　（貸）諸　　負　　債　　　6,500

　　　　　　　　　　　　　　　　　　　　　　　資　　本　　金　　　5,000

　　　　　　　　　　　　　　　　　　　　　　　資 本 準 備 金　　　　3,500

④ （借）その他有価証券評価差額金　　100　（貸）その他有価証券　　　　100

　　（借）その他有価証券　　　　　　150　（貸）その他有価証券評価差額金　150

　　　取得原価＝1,100円−100円＝1,000円

　　　当期の評価差額＝1,150円−1,000円＝150円

⑤ （借）損　　　　　益　　　　　1,400　（貸）繰越利益剰余金　　　1,400

5　月 次 決 算

　会社法による決算は年に１度であるが，多くの企業は経営管理に役立てるため，毎月，決算を行っている。これを**月次決算**といい，月次決算を行うことで，タイムリーな情報に基づく経営判断が可能になる。

　月次決算の手続は，これまでに学んだきた決算手続とほぼ同じであるが，減価償却や引当金などは，１年分の金額を見積もり，その12分の１を月末に計上する。また，前払いした家賃や保険料などは，前払家賃・前払保険料などの資

産勘定に記入しておき，月末に1月分を支払家賃・支払保険料などの費用勘定
へ振り替える。

問題3 次の資料に基づき，決算整理仕訳を行いなさい。なお，会計期間はX3年4
月1日からX4年3月31日までの1年間である。

〔資料1〕決算整理前残高試算表

決算整理前残高試算表

前 払 保 険 料	120,000	備品減価償却累計額	525,000
備 品	2,000,000	賞 与 引 当 金	50,000
減 価 償 却 費	165,000		
賞 与 引 当 金 繰 入	50,000		

〔資料2〕決算整理事項

① 前払保険料はX4年3月1日に1年分の火災保険料120,000円を支払ったもので
あり，当期分を月割りで費用に計上する。

② 備品はX1年4月1日に購入したものであり，定額法（残存価額200,000円，耐
用年数10年）による減価償却を行っている。また，減価償却費は，X3年4月か
らX4年2月まで，毎月，15,000円計上しており，決算月も同様に処理する。

③ 賞与引当金は年2回の支給に備えX3年10月からX4年2月まで，毎月，10,000円
計上してきたが，期末に支給見積額が66,000円になったので，追加計上を行う。

[解　答]

①	（借）支 払 保 険 料	10,000	（貸）前 払 保 険 料	10,000
②	（借）減 価 償 却 費	15,000	（貸）備品減価償却累計額	15,000
③	（借）賞与引当金繰入	16,000	（貸）賞 与 引 当 金	16,000

第27章

本支店会計

1 支店会計の独立

(1) 支店独立会計制度

　企業規模が拡大し，広い地域にわたって商品の売買を行うようになると，各地に支店を設けることが多い。支店の会計処理の方法には，本店集中会計制度と支店独立会計制度の2つの方法がある。**本店集中会計制度**とは，支店で発生した取引を本店に報告し，本店が支店に代わって記録する方法である。また，支店で発生した取引は，支店自らが記録する方法を**支店独立会計制度**という。以下，支店独立会計制度による会計処理を解説する。

(2) 支店勘定と本店勘定

　支店独立会計制度では，本支店間の取引によって発生した債権・債務を記録するため，本店の総勘定元帳に**支店勘定**を設け，支店の総勘定元帳に**本店勘定**を設ける。

〈本店の総勘定元帳〉　　　　　　　〈支店の総勘定元帳〉

支　　店		本　　店	
支店に対する	支店に対する	本店に対する	本店に対する
・債権の増加	・債務の増加	・債権の増加	・債務の増加
・債務の減少	・債権の減少	・債務の減少	・債権の減少

　本店勘定と支店勘定には同一の取引が記録されるので，支店勘定の残高と本店勘定の残高は，最終的に必ず一致する。

2　本支店間の取引

(1) 本店からの移管取引

　支店独立会計制度は，支店の資産と負債を本店から分離し，移管することから始められる。

問題1　支店独立会計制度の導入に当たり，現金100,000円と備品50,000円を本店の勘定から分離し，支店へ移管した。この取引を仕訳しなさい。

解　答

本　　　店：

(借)支	店	150,000	(貸)現	金	100,000
			備	品	50,000

支　　　店：

(借)現	金	100,000	(貸)本	店	150,000
備	品	50,000			

(2) 送金取引

　本店が支店へ運転資金を送金したり，逆に，支店が本店へ売上代金を送金するなど，本支店間で送金取引が行われる。

問題2　本店は支店へ現金100,000円を送金した。この取引を仕訳しなさい。

解　答

本　　　店：

(借)支	店	100,000	(貸)現	金	100,000

支　　　店：

(借)現	金	100,000	(貸)本	店	100,000

(3) 商品発送取引

　本店で大量に商品を仕入れ，これを支店へ発送したり，逆に，支店の所在地で安い商品を仕入れ，これを本店へ発送するなど，本支店間で商品の発送取引が行われる。

　本店から支店への商品の発送は，企業内部での商品の移動と考えられるので，本店は仕入の減少，支店は仕入の増加として処理する。

問題3　本店は支店へ仕入価格200,000円の商品を発送した。この取引を仕訳しなさい。

解　答

本　　　店：

（借）支　　　　　　店　　　200,000　（貸）仕　　　　　　入　　　200,000

支　　　店：

（借）仕　　　　　　入　　　200,000　（貸）本　　　　　　店　　　200,000

(4) 債権・債務の決済取引

　本店が支店の受取手形や売掛金を回収したり，逆に，支店が本店の支払手形や買掛金を支払うなど，本支店間で債権・債務の決済取引が行われる。

問題4　次の取引を仕訳しなさい。

　① 本店は支店の売掛金50,000円を現金で回収した。

　② 支店は本店の借入金100,000円を小切手を振り出して返済した。

解　答

① 本　　　店：

（借）現　　　　　　金　　　50,000　（貸）支　　　　　　店　　　50,000

支　　　店：

（借）本　　　　　　店　　　50,000　（貸）売　　掛　　金　　　50,000

② 本　　　店：

（借）借　　入　　金　　100,000　（貸）支　　　　　店　　100,000

支　　　店：

（借）本　　　　　店　　100,000　（貸）当　座　預　金　　100,000

(5) 費用・収益の立替取引

支店が負担すべき費用を本店が立て替えて支払ったり，逆に，支店が本店に属する収益を代わりに受け取るなど，本支店間で費用・収益の立替取引が行われる。

問題5　次の取引を仕訳しなさい。

① 本店は支店従業員の出張旅費150,000円を現金で立て替えて支払った。

② 支店は本店所管の建物の賃借料80,000円を現金で受け取った。

解　答

① 本　　　店：

（借）支　　　　　店　　150,000　（貸）現　　　　　金　　150,000

支　　　店：

（借）旅　費　交　通　費　　150,000　（貸）本　　　　　店　　150,000

② 本　　　店：

（借）支　　　　　店　　80,000　（貸）受　取　家　賃　　80,000

支　　　店：

（借）現　　　　　金　　80,000　（貸）本　　　　　店　　80,000

3　支店相互間の取引

支店が複数ある場合，支店は本店だけではなく他の支店とも取引を行う。支店相互間の取引の処理方法には，支店分散計算制度と本店集中計算制度の2つ

の方法がある。**支店分散計算制度**とは支店相互間の取引を，それぞれの支店が取引相手の支店名を付けた支店勘定を用いて処理する方法である。また，支店相互間の取引を，それぞれの支店が本店を相手に取引したものとみなして処理する方法を**本店集中計算制度**という。

問題6 安里支店は宮城支店へ現金50,000円を送金した。この取引を仕訳しなさい。

[解答]

（a）支店分散計算制度

本　　店：

　　　　仕　訳　な　し

安里支店：

（借）宮　城　支　店　　　50,000　（貸）現　　　　　　金　　　50,000

宮城支店：

（借）現　　　　　金　　　50,000　（貸）安　里　支　店　　　50,000

（b）本店集中計算制度

本　　店：

（借）宮　城　支　店　　　50,000　（貸）安　里　支　店　　　50,000

安里支店：

（借）本　　　　　店　　　50,000　（貸）現　　　　　　金　　　50,000

宮城支店：

（借）現　　　　　金　　　50,000　（貸）本　　　　　店　　　50,000

[解説]

本店集中計算制度では，本店が安里支店から現金50,000円を受け取り，これを宮城支店へ送金したものとして仕訳する。その後，借方の現金50,000円と貸方の現金50,000円を相殺すればよい。

（借）~~現　　　　　金~~　　~~50,000~~　（貸）安　里　支　店　　　50,000

（借）宮　城　支　店　　　50,000　（貸）~~現　　　　　金~~　　~~50,000~~

4　本支店合併財務諸表

本支店合併財務諸表の作成手順は，以下のとおりである。

① 決算整理仕訳を行い，勘定残高を修正する。

② 支店勘定と本店勘定が一致するのを確認し，相殺消去する。

③ 本店と支店の同一科目の金額を合算する。

問題7 次の資料に基づき，本支店合併損益計算書と貸借対照表を作成しなさい。

〔資料1〕決算整理前残高試算表

決算整理前残高試算表

借　　方	本　店	支　店	貸　　方	本　店	支　店
現　金　預　金	50,000	35,000	買　　掛　　金	49,000	36,000
売　　掛　　金	100,000	60,000	長　期　借　入　金	50,000	—
繰　越　商　品	69,000	13,000	貸　倒　引　当　金	3,000	2,000
支　　　　　店	74,000	—	備品減価償却累計額	40,000	20,000
備　　　　　品	200,000	100,000	本　　　　　店	—	74,000
仕　　　　　入	398,000	168,000	資　　本　　金	100,000	—
営　　業　　費	83,000	41,000	利　益　準　備　金	30,000	—
支　払　利　息	6,000	—	繰越利益剰余金	20,000	—
			売　　　　　上	688,000	285,000
	980,000	417,000		980,000	417,000

〔資料2〕決算整理事項

① 商品の期末棚卸高は以下のとおりである。

　本店：50,000円，支店：33,000円

② 売掛金の期末残高に対して，本支店ともに5％の貸倒れを見積もる。貸倒引当金の設定は差額補充法による。

③ 備品について，本支店ともに定額法で減価償却を行う。ただし，備品の残存価

額は取得原価の10%，耐用年数は9年である。

④ 営業費の未払額が本店に8,000円，支店に3,000円ある。

解　答

損益計算書 （単位：円）

Ⅰ　売　　上　　高		973,000
Ⅱ　売　上　原　価		
1　期首商品棚卸高	82,000	
2　当期商品仕入高	566,000	
合　　　計	648,000	
3　期末商品棚卸高	83,000	565,000
売　上　総　利　益		408,000
Ⅲ　販売費及び一般管理費		
1　営　　業　　費	135,000	
2　貸倒引当金繰入	3,000	
3　減　価　償　却　費	30,000	168,000
営　業　利　益		240,000
Ⅳ　営　業　外　費　用		
1　支　払　利　息		6,000
当　期　純　利　益		234,000

貸借対照表 （単位：円）

資　産　の　部			負　債　の　部		
Ⅰ　流　動　資　産			Ⅰ　流　動　負　債		
1　現　金　預　金		85,000	1　買　　掛　　金		85,000
2　売　　掛　　金	160,000		2　未　払　費　用		11,000
貸　倒　引　当　金	8,000	152,000	流　動　負　債　合　計		96,000
3　商　　　　　品		83,000	Ⅱ　固　定　負　債		
流　動　資　産　合　計		320,000	1　長　期　借　入　金		50,000
Ⅱ　固　定　資　産			固　定　負　債　合　計		50,000
1　備　　　　　品	300,000		負　債　合　計		146,000
減価償却累計額	90,000	210,000			

固定資産合計	210,000	純　資　産　の　部	
		Ⅰ 資　　　本　　　金	100,000
		Ⅱ 利　益　剰　余　金	
		1 利　益　準　備　金	30,000
		2 繰越利益剰余金	254,000
		純　資　産　合　計	384,000
資　産　合　計	530,000	負債・純資産合計	530,000

解　説

(1) 決算整理仕訳

① 本　　　店：

（借）仕　　　　　入	69,000	（貸）繰　越　商　品	69,000
（借）繰　越　商　品	50,000	（貸）仕　　　　　入	50,000

支　　　店：

（借）仕　　　　　入	13,000	（貸）繰　越　商　品	13,000
（借）繰　越　商　品	33,000	（貸）仕　　　　　入	33,000

② 本　　　店：

（借）貸倒引当金繰入	2,000	（貸）貸　倒　引　当　金	2,000

支　　　店：

（借）貸倒引当金繰入	1,000	（貸）貸　倒　引　当　金	1,000

本店：貸倒引当金繰入 = 100,000円 × 5％ − 3,000円 = 2,000円

支店：貸倒引当金繰入 = 60,000円 × 5％ − 2,000円 = 1,000円

③ 本　　　店：

（借）減　価　償　却　費	20,000	（貸）備品減価償却累計額	20,000

支　　　店：

（借）減　価　償　却　費	10,000	（貸）備品減価償却累計額	10,000

本店：減価償却費 = (200,000円 − 200,000円 × 10％) ÷ 9年 = 20,000円

支店：減価償却費 = (100,000円 − 100,000円 × 10％) ÷ 9年 = 10,000円

④ 本　　　店：

（借）営　業　費　　　　8,000　（貸）未 払 営 業 費　　　　8,000

支　　　店：

（借）営　業　費　　　　3,000　（貸）未 払 営 業 費　　　　3,000

(2)　支店勘定と本店勘定の相殺消去

（借）本　　　　店　　74,000　（貸）支　　　　店　　74,000

(3)　損益計算書

売上高＝688,000円［本］＋285,000円［支］＝973,000円

期首商品棚卸高＝69,000円［本］＋13,000円［支］＝82,000円

当期商品仕入高＝398,000円［本］＋168,000円［支］＝566,000円

期末商品棚卸高＝50,000円［本］＋33,000円［支］＝83,000円

営業費＝83,000円［本］＋41,000円［支］＋8,000円［決④］＋3,000円［決④］＝135,000円

貸倒引当金繰入＝2,000円［決②］＋1,000円［決②］＝3,000円

減価償却費＝20,000円［決③］＋10,000円［決③］＝30,000円

支払利息＝6,000円

(4)　貸借対照表

現金預金＝50,000円［本］＋35,000円［支］＝85,000円

売掛金＝100,000円［本］＋60,000円［支］＝160,000円

貸倒引当金＝3,000円［本］＋2,000円［支］＋2,000円［決②］＋1,000円［決②］

＝8,000円

商品＝期末商品棚卸高 83,000円

備品＝200,000円［本］＋100,000円［支］＝300,000円

減価償却累計額＝40,000円［本］＋20,000円［支］＋20,000円［決③］

＋10,000円［決③］＝90,000円

買掛金＝49,000円［本］＋36,000円［支］＝85,000円

未払費用＝8,000円［決④］＋3,000円［決④］＝11,000円

長期借入金＝50,000円

資本金＝100,000円

利益準備金＝30,000円

　　　繰越利益剰余金＝期首の繰越利益剰余金(決算整理前残高試算表)＋当期純利益
　　　　　　　　　　＝20,000円＋234,000円＝254,000円

5　帳簿の締切り

　決算に当たり，本店・支店ともにそれぞれの総勘定元帳を締め切る。ただし，支店の損益勘定を締め切る際，損益勘定の貸借差額（支店の当期純利益または当期純損失）は繰越利益剰余金勘定ではなく，本店勘定へ振り替える。

問題8 202頁**問題7**の資料に基づき，支店の当期純利益の振替仕訳を行い，本店・支店の損益勘定を作成しなさい。

解答

本　　　店：

（借）支　　　　　店　　　82,000　（貸）損　　　　　益　　　82,000

支　　　店：

（借）損　　　　　益　　　82,000　（貸）本　　　　　店　　　82,000

（a）本店の損益勘定

損　　益

仕　　　　入	417,000	売　　　　上	688,000
営　業　費	91,000	支　　　店	82,000
貸倒引当金繰入	2,000		
減価償却費	20,000		
支　払　利　息	6,000		
繰越利益剰余金	234,000		
	770,000		770,000

(b) 支店の損益勘定

損　　益

仕	入	148,000	売	上	285,000
営 業 費		44,000			
貸倒引当金繰入		1,000			
減 価 償 却 費		10,000			
本 店		82,000			
		285,000			285,000

別　解

　本店の利益は本店の損益勘定，支店の利益は支店の損益勘定で求め，これらを総合損益勘定で合算することもある。

　本　　店：

　（借）損　　　　益　　152,000　（貸）総 合 損 益　　152,000

　（借）支　　　　店　　 82,000　（貸）総 合 損 益　　 82,000

　支　　店：

　（借）損　　　　益　　 82,000　（貸）本　　　　店　　 82,000

(a) 本店の損益勘定と総合損益勘定

損　　益

仕	入	417,000	売	上	688,000
営 業 費		91,000			
貸倒引当金繰入		2,000			
減 価 償 却 費		20,000			
支 払 利 息		6,000			
総 合 損 益		152,000			
		688,000			688,000

総 合 損 益

繰越利益剰余金	234,000	損	益	152,000
		支	店	82,000
	234,000			234,000

（b）支店の損益勘定

損　　益

仕　　　　　入	148,000	売	上	285,000
営　業　費	44,000			
貸倒引当金繰入	1,000			
減価償却費	10,000			
本　　　店	82,000			
	285,000			285,000

第28章

連 結 会 計

1　連結財務諸表の目的

(1) 連結財務諸表の目的

　現代の企業は，それぞれが独立して経営活動を行うだけではなく，親会社と
その支配下にある子会社という形で企業グループを作り，グループが一体となっ
て経営活動を行うことが多い。

　企業グループを構成する個々の企業は，法律上はそれぞれ別個の存在である
が，そのグループは経済的・実質的に1つの組織体とみなすことができる。こ
のような経済的実体としての企業グループを会計単位として作成される財務諸
表を**連結財務諸表**といい，連結財務諸表を作成することで，企業グループの経
営成績や財政状態などを明らかにすることができる。なお，法的実体に基づき，
個々の企業を会計単位として作成される財務諸表を**個別財務諸表**（または単体
財務諸表）という。

　個別財務諸表は帳簿上の勘定記録を基に作成するが，連結財務諸表は親会社
と子会社の個別財務諸表を基礎とする。つまり，連結財務諸表は親会社と子会
社の個別財務諸表の金額を合算し，企業グループ内での取引などを修正して作
成する。

(2) 親会社と子会社

　ある企業が他の企業を支配している場合，支配している企業を**親会社**といい，
支配されている企業を**子会社**と呼ぶ。他の企業を支配しているとは，例えば，
その企業の議決権の過半数（50％超）を所有している場合（具体的には，その
企業の発行済株式の過半数を所有している場合）である。また，議決権の過半

数を所有していなくても，高い比率（40％以上）の議決権を有し，その企業の取締役会に半数を超える役員を派遣している場合なども，支配従属の関係にあるとみなされる。

（注）親会社と子会社が他の企業を支配している場合や，子会社が他の企業を支配している場合も，その企業は子会社とみなされる。また，以下の問題では親会社をP社，子会社をS社としているが，これらはParent（親会社）とSubsidiary（子会社）の頭文字をとったものである。

2　支配獲得日

(1) 支配獲得日

　ある企業が，他の企業を子会社として支配した日を**支配獲得日**という。支配獲得日には，親会社と子会社の貸借対照表の金額を合算し，親会社の投資と子会社の資本を相殺消去して，連結貸借対照表を作成する。投資と資本の相殺消去など，連結財務諸表を作成するために必要な仕訳を**連結修正仕訳**という。

(2) 投資と資本の相殺消去

1）持株比率が100％の場合

　親会社の子会社に対する投資は，企業グループの観点からは内部取引になる（グループ内での資金の移動に過ぎない）ので，これを相殺消去しなければならない。親会社が子会社の発行済株式のすべてを所有している場合（持株比率が100％の場合）は，親会社の投資（子会社株式）と子会社の資本（株主資本と評価・換算差額等）のすべてを相殺消去する。

問題1　P社はX1年12月31日に，S社の発行済株式の100％を5,000円で取得し，支配を獲得した。X1年12月31日における両社の貸借対照表は，以下のとおりである。連結修正仕訳を行い，連結貸借対照表を作成しなさい。

貸借対照表
X1年12月31日　　　　　　　（単位：円）

資　　産	P社	S社	負債・純資産	P社	S社
諸　資　産	30,000	10,000	諸　負　債	10,000	5,000
子会社株式	5,000	－	資　本　金	22,000	4,000
			利益剰余金	3,000	1,000
	35,000	10,000		35,000	10,000

【解　答】

（借）資　本　金　　　　　4,000　（貸）子会社株式　　　　　5,000
　　　利益剰余金　　　　　1,000

連結貸借対照表
X1年12月31日　　　　　　　（単位：円）

資　　産	金　額	負債・純資産	金　額
諸　資　産	40,000	諸　負　債	15,000
		資　本　金	22,000
		利益剰余金	3,000
	40,000		40,000

2）持株比率が100%未満の場合

　親会社が子会社の発行済株式のすべてを所有していない場合，子会社の株主には親会社以外の株主が存在する。これらの株主を**非支配株主**という。親会社の持株比率が100%未満の場合は，子会社の資本のうち親会社の所有割合に相当する部分（親会社持分）を親会社の投資と相殺消去する。また，子会社の資本のうち親会社に帰属しない部分（非支配株主持分）は，**非支配株主持分勘定**（純資産）で処理する。

問題2　P社はX1年12月31日に，S社の発行済株式の90%を4,500円で取得し，支配

を獲得した。X1年12月31日における両社の貸借対照表は，以下のとおりである。連結修正仕訳を行い，連結貸借対照表を作成しなさい。

貸借対照表
X1年12月31日
（単位：円）

資　　産	P社	S社	負債・純資産	P社	S社
諸　資　産	30,500	10,000	諸　　負　　債	10,000	5,000
子 会 社 株 式	4,500	－	資　　本　　金	22,000	4,000
			利 益 剰 余 金	3,000	1,000
	35,000	10,000		35,000	10,000

解　答

（借）資　　本　　金	4,000	（貸）子 会 社 株 式	4,500
利 益 剰 余 金	1,000	非支配株主持分	500

連結貸借対照表
X1年12月31日
（単位：円）

資　　産	金　額	負債・純資産	金　額
諸　資　産	40,500	諸　　負　　債	15,000
		資　　本　　金	22,000
		利 益 剰 余 金	3,000
		非支配株主持分	500
	40,500		40,500

解　説

　非支配株主持分＝子会社の資本×非支配株主の持株比率

$$＝5,000円×10％＝500円$$

3）投資消去差額が生ずる場合

　親会社の投資と子会社の資本（持株比率が100％未満のときは，親会社の投

資に対応する子会社の資本）が一致しない場合，その差額を**投資消去差額**といい，のれん勘定（親会社の投資＞子会社の資本，資産）または負ののれん発生益勘定（親会社の投資＜子会社の資本，収益）で処理する。

問題❸ P社はX1年12月31日に，S社の発行済株式の100%を6,000円で取得し，支配を獲得した。X1年12月31日における両社の貸借対照表は，以下のとおりである。連結修正仕訳を行い，連結貸借対照表を作成しなさい。

貸借対照表
X1年12月31日　　　　　　　　　　　　（単位：円）

資　　産	P社	S社	負債・純資産	P社	S社
諸　資　産	29,000	10,000	諸　負　債	10,000	5,000
子会社株式	6,000	－	資　本　金	22,000	4,000
			利益剰余金	3,000	1,000
	35,000	10,000		35,000	10,000

[解　答]

（借）資　本　金	4,000	（貸）子会社株式	6,000
利益剰余金	1,000		
の　れ　ん	1,000		

連結貸借対照表
X1年12月31日　　　　　　　　　　　　（単位：円）

資　　産	金　額	負債・純資産	金　額
諸　資　産	39,000	諸　負　債	15,000
の　れ　ん	1,000	資　本　金	22,000
		利益剰余金	3,000
	40,000		40,000

[解　説]

のれん＝親会社の投資－子会社の資本＝6,000円－5,000円＝1,000円

3　連結財務諸表の作成

(1) 開始仕訳

　連結財務諸表は親会社と子会社の帳簿外で作成されるので，前節で学んだ連結修正仕訳は，親会社・子会社の個別財務諸表には反映されていない。そこで，支配獲得日後の連結決算日には，支配獲得日に行った連結修正仕訳を改めて行う必要があり，これを**開始仕訳**という。開始仕訳を行う際，純資産項目については連結株主資本等変動計算書の科目（資本金当期首残高，資本剰余金当期首残高，利益剰余金当期首残高，非支配株主持分当期首残高）を用いる。

問題4　P社はX1年12月31日に，S社の発行済株式の70%を4,500円で取得し，支配を獲得した。支配獲得日におけるS社の資本金は4,000円，利益剰余金は1,000円であった。X2年度（X2年1月1日からX2年12月31日）に必要な開始仕訳を行いなさい。

|解　答|

（借）資本金当期首残高	4,000	（貸）子 会 社 株 式	4,500
利益剰余金当期首残高	1,000	非支配株主持分当期首残高	1,500
の　　れ　　ん	1,000		

|解　説|

　支配獲得日（X1年12月31日）に行っていた仕訳は，以下のとおりである。

（借）資　本　　　金	4,000	（貸）子 会 社 株 式	4,500
利 益 剰 余 金	1,000	非支配株主持分	1,500
の　　れ　　ん	1,000		

　非支配株主持分＝子会社の資本×非支配株主の持株比率

　　　　　　　　　＝5,000円×30%＝1,500円

　のれん＝親会社の投資－子会社の資本×親会社の持株比率

　　　　＝4,500円－5,000円×70%＝1,000円

(2) のれんの償却

のれんは残存価額をゼロとする**定額法**（償却期間は20年以内）による償却を行い，**直接法**で記帳する。償却額はのれん償却勘定（費用）で処理する。

問題5 問題5から7までは，214頁**問題4**に基づく問いである。のれんの償却に関する連結修正仕訳を行いなさい。のれんは，発生年度の翌年度から，定額法（償却期間20年）による償却を行う。

解　答

（借）の れ ん 償 却	50	（貸）の	れ	ん	50

(3) 子会社の当期純利益の振替

子会社に非支配株主が存在する場合，子会社の当期純利益を親会社に帰属する部分と，非支配株主に帰属する部分とに按分しなければならない。そこで，子会社の利益のうち非支配株主に相当する額を**非支配株主持分当期変動額勘定**（連結株主資本等変動計算書の科目。仕訳を行う際の借方勘定科目・貸方勘定科目という意味で，「勘定」を使用）の貸方に記入することで，非支配株主持分を増加させる。また，**非支配株主に帰属する当期純利益勘定**（連結損益計算書の科目）の借方に記入し，これを連結上の利益から控除する。

問題6 X2年度にS社（子会社）が計上した当期純利益は1,000円であった。子会社の当期純利益の振替に関する連結修正仕訳を行いなさい。

解　答

（借）非支配株主に帰属する当期純利益	300	（貸）非支配株主持分当期変動額	300

解　説

非支配株主に帰属する当期純利益

＝子会社の当期純利益×非支配株主の持株比率＝1,000円×30％＝300円

(4) 剰余金の配当

　　子会社が親会社に対して支払った配当は，企業グループ内の内部取引なので，その額を相殺消去しなければならない。また，非支配株主に対して支払われた額については，その分だけ非支配株主持分を減少させる。これらの処理に際しては，**剰余金の配当勘定**（連結株主資本等変動計算書の科目）を用いる。

問題7　X2年度にS社（子会社）が支払った配当金は500円であった。剰余金の配当に関する連結修正仕訳を行いなさい。

解　答

（借）受 取 配 当 金	350	（貸）剰 余 金 の 配 当	500
非支配株主持分当期変動額	150		

解　説

　　個別上，P社・S社が行っていた仕訳は，以下のとおりである。

　　P社（親会社）：

（借）現　金　預　金	350	（貸）受 取 配 当 金	350

　　S社（子会社）：

（借）繰 越 利 益 剰 余 金	500	（貸）現　金　預　金	500

　　したがって，単純な修正仕訳は

（借）受 取 配 当 金	350	（貸）繰 越 利 益 剰 余 金	500
非支配株主持分当期変動額	150		

であるが，連結株主資本等変動計算書の「剰余金の配当」の金額を修正するので，解答に示した仕訳となる。また，借方の「非支配株主持分当期変動額」は，配当金の支払いによってS社の純資産が減少するので，その減少分の30％を非支配株主に負担させるためのものである。

参　考

　　X3年度の開始仕訳には，215頁**問題5**ののれんの償却，215頁**問題6**の当期純利

益の振替，216頁**問題7**の剰余金の配当に関する連結修正仕訳も含まれる。ただし，「のれん償却」「非支配株主に帰属する当期純利益」「剰余金の配当」のように，X2年度末の利益剰余金を増減させるものは，X3年度から見れば，利益剰余金の期首残高の増減を意味するので，利益剰余金当期首残高勘定（連結株主資本等変動計算書の科目）を用いる。また，「非支配株主持分当期変動額」も同じように，非支配株主持分当期首残高勘定（同）を用いる。X3年度の開始仕訳を示せば，以下のとおりである（①投資と資本の相殺消去，②のれんの償却，③当期純利益の振替，④剰余金の配当）。

① （借）資本金当期首残高　　　　4,000　（貸）子 会 社 株 式　　　4,500
　　　　利益剰余金当期首残高　　1,000　　　　非支配株主持分当期首残高　1,500
　　　　の　　れ　　ん　　　　1,000

② （借）利益剰余金当期首残高　　　50　（貸）の　　れ　　ん　　　　50

③ （借）利益剰余金当期首残高　　300　（貸）非支配株主持分当期首残高　300

④ （借）利益剰余金当期首残高　　350　（貸）利益剰余金当期首残高　　500
　　　　非支配株主持分当期首残高　150

　これらを合算すれば，次のようになる。

（借）資本金当期首残高　　　　4,000　（貸）子 会 社 株 式　　　4,500
　　　利益剰余金当期首残高　　1,200　　　　非支配株主持分当期首残高　1,650
　　　の　　れ　　ん　　　　950

（5）連結会社相互間の債権・債務の相殺消去

1）売掛金と買掛金の相殺消去

　連結会社相互間の債権・債務は，企業グループ内の内部取引に基づくものなので，その期末残高を相殺消去しなければならない。例えば，連結会社相互間での商品売買を掛けで行っている場合，売掛金と買掛金の期末残高を相殺消去する。また，売掛金に対して貸倒引当金が設定されている場合は，これも相殺消去する。

問題8　P社（親会社）の売掛金のうち40,000円は，S社（子会社）に対するもので

あった。また，P社は売掛金の期末残高に対して，3％の貸倒引当金を設定している。売掛金と買掛金の相殺消去に関する連結修正仕訳を行いなさい。

解答

（借）買　掛　金	40,000	（貸）売　掛　金	40,000
（借）貸倒引当金	1,200	（貸）貸倒引当金繰入	1,200

解説

個別上，P社・S社が行っていた仕訳は，以下のとおりである。

P社（親会社）：

（借）売　掛　金	40,000	（貸）売　　　上	40,000
（借）貸倒引当金繰入	1,200	（貸）貸倒引当金	1,200

S社（子会社）：

（借）仕　　　入	40,000	（貸）買　掛　金	40,000

参考

S社の売掛金のうち40,000円がP社（S社株式の70％を所有）に対するもので，これに貸倒引当金が設定されている場合は，貸倒引当金の相殺消去に伴い，子会社の利益が増加するので，非支配株主持分も増加させる。

（借）買　掛　金	40,000	（貸）売　掛　金	40,000
（借）貸倒引当金	1,200	（貸）貸倒引当金繰入	1,200
（借）非支配株主に帰属する当期純利益	360	（貸）非支配株主持分当期変動額	360

2）貸付金と借入金の相殺消去

連結会社相互間で金銭の貸借を行っている場合，貸付金と借入金の期末残高を相殺消去する。また，利息の授受が行われた場合は，これも相殺消去する。

問題9 P社（親会社）の貸付金のうち50,000円は，S社（子会社）に対するものであった。また，この貸付金に対する受取利息が2,500円計上されている。貸付金と借

入金の相殺消去に関する連結修正仕訳を行いなさい。

解　答

（借）借　　入　　金　　50,000　（貸）貸　　付　　金　　50,000
（借）受　取　利　息　　 2,500　（貸）支　払　利　息　　 2,500

解　説

個別上，P社・S社が行っていた仕訳は，以下のとおりである。

P社（親会社）：

（借）貸　　付　　金　　50,000　（貸）現　金　預　金　　50,000
（借）現　金　預　金　　 2,500　（貸）受　取　利　息　　 2,500

S社（子会社）：

（借）現　金　預　金　　50,000　（貸）借　　入　　金　　50,000
（借）支　払　利　息　　 2,500　（貸）現　金　預　金　　 2,500

3）受取手形と支払手形の相殺消去

連結会社相互間で手形取引を行っている場合，受取手形と支払手形の期末残高を相殺消去する。ただし，連結会社相互間で振り出された手形を金融機関で割り引いたときは，企業グループが手形を振り出して現金を借り入れたとみなし，連結貸借対照表の科目である短期借入金勘定（負債）へ振り替える。

問題10 S社（子会社）は買掛金を支払うため，P社（親会社）に対して約束手形60,000円を振り出した。P社は，そのうち20,000円を銀行で割り引いたが（割引料はゼロ），期末現在，この手形は決済されていない。受取手形と支払手形の相殺消去に関する連結修正仕訳を行いなさい。

解　答

（借）支　払　手　形　　60,000　（貸）受　取　手　形　　40,000
　　　　　　　　　　　　　　　　　　 短　期　借　入　金　　20,000

解　説

個別上，P社・S社が行っていた仕訳は，以下のとおりである。

P社（親会社）：

（借）受　取　手　形　　　　60,000　（貸）売　　掛　　金　　　　60,000

（借）現　金　預　金　　　　20,000　（貸）受　取　手　形　　　　20,000

S社（子会社）：

（借）買　　掛　　金　　　　60,000　（貸）支　払　手　形　　　　60,000

参　考

手形割引時に割引料が発生していた場合，個別上，P社は手形売却損勘定で処理している。連結上，手形の割引は銀行からの借入れとみなすので，手形売却損勘定から支払利息勘定へ振り替える。割引料が1,000円だった場合の連結修正仕訳は，以下のとおりである。

（借）支　払　手　形　　　　60,000　（貸）受　取　手　形　　　　40,000

短　期　借　入　金　　　　20,000

（借）支　払　利　息　　　　 1,000　（貸）手　形　売　却　損　　　 1,000

(6) 連結会社相互間の取引高の相殺消去

連結会社相互間の商品売買取引は，企業グループ内の内部取引なので，その取引高を相殺消去しなければならない。その際，連結損益計算書の科目（売上ではなく売上高，仕入ではなく売上原価）を用いる。

問題11　P社（親会社）はS社（子会社）に対して，原価に10%の利益を加算して商品を販売しており，その売上高は110,000円であった。商品売買取引の相殺消去に関する連結修正仕訳を行いなさい。

解　答

（借）売　　上　　高　　　110,000　（貸）売　上　原　価　　　110,000

解　説

個別上，P社・S社が行っていた仕訳は，以下のとおりである。

P社（親会社）：

（借）現　金　預　金　　110,000　（貸）売　　　　　　　上　　110,000

S社（子会社）：

（借）仕　　　　　　　入　　110,000　（貸）現　金　預　金　　110,000

したがって，単純な修正仕訳は

（借）売　　　　　　　上　　110,000　（貸）仕　　　　　　　入　　110,000

であるが，連結損益計算書の「売上高」「売上原価」の金額を修正するので，解答に示した仕訳となる。

(7) 未実現利益の消去

1）期末棚卸資産に含まれている未実現利益の消去（ダウンストリーム）

親会社が子会社に一定の利益を加算して商品を販売している場合（これをダウンストリームという）など，連結会社相互間の取引により生じた利益は，その商品がグループ外の企業に売却されるまでは実現したとみなすことはできない。そこで，子会社の期末商品に含まれている未実現利益を消去し，その分だけ売上原価を増加させる。未実現利益は，以下の計算式によって算定する。

$$未実現利益＝子会社の期末商品（親会社からの仕入分）×\frac{利益加算率}{1＋利益加算率}$$

または，

$$未実現利益＝子会社の期末商品（親会社からの仕入分）×売上総利益率$$

利益加算率とは原価に対する利益の割合であり，売上総利益率とは売上高に対する利益の割合である。

問題12　P社（親会社）はS社（子会社）に対して，原価に25%の利益を加算して商品を販売している。S社の期末商品のうち25,000円は，P社から仕入れたものであった。未実現利益の消去に関する連結修正仕訳を行いなさい。

[解答]

（借）売　上　原　価　　　　　5,000　（貸）商　　　　　品　　　　　5,000

[解説]

$$未実現利益 = 25,000円 \times \frac{0.25}{1 + 0.25} = 5,000円$$

S社は決算日に

（借）繰　越　商　品　　　　　25,000　（貸）仕　　　　　入　　　　　25,000

と仕訳しているので，単純な修正仕訳は

（借）仕　　　　　入　　　　　5,000　（貸）繰　越　商　品　　　　　5,000

であるが，連結損益計算書の「売上原価」と連結貸借対照表の「商品」の金額を修正するので，解答に示した仕訳となる。

[参考]

　この問題は，「P社（親会社）がS（子会社）に対して販売している商品の売上総利益率は20%である」と表すこともできる。その場合，未実現利益は以下のように計算する。

$$未実現利益 = 25,000円 \times 20\% = 5,000円$$

2）期末棚卸資産に含まれている未実現利益の消去（アップストリーム）

　子会社が親会社に商品を販売することをアップストリームといい，親会社の期末商品に含まれている未実現利益（子会社が加算した利益）も消去しなければならない。その際，未実現利益の消去による子会社の利益の減少は，親会社が負担する部分と，非支配株主が負担する部分とに按分する。つまり，子会社の利益減少額のうち非支配株主が負担する額は，非支配株主持分当期変動額勘定（連結株主資本等変動計算書の科目）の借方に記入することで，非支配株主持分を減少させる。

問題13　S社（子会社）はP社（親会社。S社株式の70%を所有）に対して，原価に

25%の利益を加算して商品を販売している。P社の期末商品のうち25,000円は，S社から仕入れたものであった。未実現利益の消去に関する連結修正仕訳を行いなさい。

[解 答]

（借）売 上 原 価	5,000	（貸）商 品	5,000
（借）非支配株主持分当期変動額	1,500	（貸）非支配株主に帰属する当期純利益	1,500

[解 説]

非支配株主持分の減少額＝未実現利益×非支配株主の持株比率

＝5,000円×30%＝1,500円

3）期首棚卸資産に含まれている未実現利益の消去

前期末に未実現利益を消去した場合，当期の期首商品に含まれている未実現利益を修正するため，前期末の連結修正仕訳を開始仕訳として再度行わなければならない。また，期首商品に含まれている未実現利益は当期中にすべて実現した（期首商品は当期中にすべて販売された）と考えられるので，これを売上原価から控除する。

問題14 次の問いに答えなさい。

① 221頁**問題12**の翌期に行うべき連結修正仕訳を行いなさい。

② 222頁**問題13**の翌期に行うべき連結修正仕訳を行いなさい。

[解 答]

① （借）利益剰余金当期首残高	5,000	（貸）売 上 原 価	5,000
② （借）利益剰余金当期首残高	5,000	（貸）売 上 原 価	5,000
（借）非支配株主持分当期首残高	1,500	（貸）利益剰余金当期首残高	1,500
（借）非支配株主に帰属する当期純利益	1,500	（貸）非支配株主持分当期変動額	1,500

解　説

① 解答に示した仕訳は，開始仕訳（a.）と，未実現利益の実現仕訳，つまり，前期末に行った未実現利益消去の仕訳の反対仕訳（b.）を合算したものである。

a. （借）利益剰余金当期首残高　　　5,000　（貸）商　　　　　品　　　　5,000

b. （借）商　　　　　品　　　　5,000　（貸）売　上　原　価　　　　5,000

② 解答に示した仕訳は，開始仕訳（a.）と，未実現利益の実現（これに伴い，非支配株主持分を増加させる）仕訳（b.）を合算したものである。

a. （借）利益剰余金当期首残高　　　5,000　（貸）商　　　　　品　　　　5,000

　 （借）非支配株主持分当期首残高　　1,500　（貸）利益剰余金当期首残高　　1,500

b. （借）商　　　　　品　　　　5,000　（貸）売　上　原　価　　　　5,000

　 （借）非支配株主に帰属する当期純利益　1,500　（貸）非支配株主持分当期変動額　1,500

4）固定資産（非償却資産）に含まれている未実現利益の消去

親会社が子会社に固定資産を売却し，その固定資産を子会社が保有している場合も，固定資産に含まれている未実現利益を消去しなければならない。

問題15 P社（親会社）はS社（子会社）に土地（帳簿価額50,000円）を70,000円で売却した。期末現在，S社はこの土地を保有している。未実現利益の消去に関する連結修正仕訳を行いなさい。

解　答

　　（借）固定資産売却益　　　20,000　（貸）土　　　　　地　　　20,000

解　説

　　個別上，P社・S社が行っていた仕訳は，以下のとおりである。

　　P社（親会社）：

　　（借）現　金　預　金　　　70,000　（貸）土　　　　　地　　　50,000
　　　　　　　　　　　　　　　　　　　　　　固定資産売却益　　　20,000

S社（子会社）：

|（借）土　　　　　地|70,000|（貸）現　金　預　金|70,000|

参　考

S社がP社（S社株式の70%を所有）に土地を売却した場合，未実現利益の消去による子会社の利益の減少は，親会社と非支配株主の双方が負担する。

|（借）固定資産売却益|20,000|（貸）土　　　　地|20,000|
|（借）非支配株主持分当期変動額|6,000|（貸）非支配株主に帰属する当期純利益|6,000|

(8) 連結財務諸表の作成

親会社と子会社の個別財務諸表の金額を合算し，これまでに学んできた連結修正仕訳を行い，連結財務諸表を作成する。

1) 連結損益計算書

個別の損益計算書（184頁）との相違点は，以下のとおりである。

① 「売上原価」は一括して記載する（内訳は示さない）。

② 「税引前当期純利益」は「税金等調整前当期純利益」として表示する。

③ 「当期純利益」から「非支配株主に帰属する当期純利益」を控除して「親会社株主に帰属する当期純利益」を表示する。

2) 連結株主資本等変動計算書

個別の株主資本等変動計算書（193頁）との相違点は，以下のとおりである。

① 当期変動額の「当期純利益」は「親会社株主に帰属する当期純利益」として表示する。

② 「非支配株主持分」の区分を設ける（変動額は純額で記載する）。

3) 連結貸借対照表

個別の貸借対照表（185頁）との相違点は，以下のとおりである。

① 純資産の部（株主資本）の「資本剰余金」と「利益剰余金」は一括して記載する（内訳は示さない）。

② 純資産の部の「評価・換算差額等」は「その他の包括利益累計額」として表示する。

③ 純資産の部に「非支配株主持分」を追加する。

問題16 P社はX3年3月31日に，S社の発行済株式の80％を5,000円で取得し，支配を獲得した。支配獲得日におけるS社の純資産は，資本金5,000円，利益剰余金1,000円であった。次の資料に基づき，X3年度（X3年4月1日からX4年3月31日）の連結財務諸表を作成しなさい。なお，のれんは，発生年度の翌年度から，定額法（償却期間20年）による償却を行う。

〔資料〕

① X4年3月31日における両社の財務諸表は，以下のとおりである。

貸借対照表
X4年3月31日　　　　　　　　　　（単位：円）

資　　　産	P社	S社	負債・純資産	P社	S社
諸　資　産	35,240	11,560	諸　負　債	17,900	6,150
売　掛　金	12,000	3,000	買　掛　金	9,000	2,500
貸倒引当金	△240	△60	資　本　金	22,000	5,000
商　　　品	1,000	500	利益剰余金	4,100	1,350
子会社株式	5,000	－			
	53,000	15,000		53,000	15,000

損益計算書
自X3年4月1日　至X4年3月31日　　　（単位：円）

費　　　用	P社	S社	収　　　益	P社	S社
売　上　原　価	31,000	9,500	売　上　高	40,000	12,000
販売費及び一般管理費	6,000	1,200	営業外収益	1,000	－
営　業　外　費　用	2,000	500			
当　期　純　利　益	2,000	800			
	41,000	12,000		41,000	12,000

株主資本等変動計算書

自X3年4月1日　至X4年3月31日　　（単位：円）

	資本金		利益剰余金	
	P社	S社	P社	S社
当期首残高	22,000	5,000	3,000	1,000
剰余金の配当			△900	△450
当期純利益			2,000	800
当期変動額合計	0	0	1,100	350
当期末残高	22,000	5,000	4,100	1,350

② P社の売掛金のうち1,000円は，S社に対するものであった。

③ P社，S社ともに，売掛金の期末残高に対して，2％の貸倒引当金を設定している。

④ P社はS社に対して，原価に20％の利益を加算して商品を販売しており，当年度の売上高は3,600円であった。

⑤ S社の期末商品のうち360円は，P社から仕入れたものであった。なお，S社の期首商品にはP社から仕入れた商品はなかった。

[解　答]

連結損益計算書

自X3年4月1日　至X4年3月31日　　（単位：円）

売　　上　　高	48,400
売　上　原　価	36,960
売　上　総　利　益	11,440
販売費及び一般管理費	7,190
営　業　利　益	4,250
営　業　外　収　益	640
営　業　外　費　用	2,500
当　期　純　利　益	2,390
非支配株主に帰属する当期純利益	160
親会社株主に帰属する当期純利益	2,230

連結株主資本等変動計算書
自X3年4月1日　至X4年3月31日　　　（単位：円）

	株主資本		非支配株主持分
	資本金	利益剰余金	
当期首残高	22,000	3,000	1,200
剰余金の配当		△900	
親会社株主に帰属する当期純利益		2,230	
株主資本以外の項目の当期変動額（純額）			70
当期変動額合計	0	1,330	70
当期末残高	22,000	4,330	1,270

連結貸借対照表
X4年3月31日　　　（単位：円）

資　産	金　額	負債・純資産	金　額
諸　資　産	46,800	諸　負　債	24,050
売　掛　金	14,000	買　掛　金	10,500
貸倒引当金	△280	資　本　金	22,000
商　　品	1,440	利益剰余金	4,330
の　れ　ん	190	非支配株主持分	1,270
	62,150		62,150

解説

（a）開始仕訳・連結修正仕訳

① 投資と資本の相殺消去

（借）資本金当期首残高　　5,000　（貸）子会社株式　　5,000
　　　利益剰余金当期首残高　1,000　　非支配株主持分当期首残高　1,200
　　　の　れ　ん　　200

② のれんの償却

（借）のれん償却　　10　（貸）の　れ　ん　　10

③ 当期純利益の振替

（借）非支配株主に帰属する当期純利益　　　160　（貸）非支配株主持分当期変動額　　　160

④ 剰余金の配当

（借）受 取 配 当 金　　　360　（貸）剰 余 金 の 配 当　　　450

　　　　非支配株主持分当期変動額　　　90

⑤ 連結会社相互間の債権・債務の相殺消去

（借）買　　掛　　金　　　1,000　（貸）売　　掛　　金　　　1,000

（借）貸 倒 引 当 金　　　20　（貸）貸倒引当金繰入　　　20

⑥ 連結会社相互間の取引高の相殺消去

（借）売　　上　　高　　　3,600　（貸）売　上　原　価　　　3,600

⑦ 未実現利益の消去

（借）売　上　原　価　　　60　（貸）商　　　　　品　　　60

(b) 連結損益計算書

売上高＝40,000円＋12,000円－3,600円（⑥）＝48,400円

売上原価＝31,000円＋9,500円－3,600円（⑥）＋60円（⑦）＝36,960円

売上総利益＝48,400円－36,960円＝11,440円

販売費及び一般管理費＝6,000円＋1,200円＋10円（②）－20円（⑤）＝7,190円

営業利益＝11,440円－7,190円＝4,250円

営業外収益＝1,000円－360円（④）＝640円

営業外費用＝2,000円＋500円＝2,500円

当期純利益＝4,250円＋640円－2,500円＝2,390円

親会社株主に帰属する当期純利益＝2,390円－160円＝2,230円

(c) 連結株主資本等変動計算書

資本金＝22,000円＋5,000円－5,000円（①）＝22,000円

利益剰余金＝3,000円＋1,000円－1,000円（①）－（900円＋450円－450円（④））

　　　　　　＋2,230円＝4,330円

非支配株主持分＝1,200円（①）＋70円（＝160円（③）－90円（④））＝1,270円

(d) 連結貸借対照表

諸資産＝35,240円＋11,560円＝46,800円

売掛金＝12,000円＋3,000円－1,000円（⑤）＝14,000円

貸倒引当金＝240円＋60円－20円（⑤）＝280円

商品＝1,000円＋500円－60円（⑦）＝1,440円

子会社株式＝5,000円－5,000円（①）＝ 0 円

のれん＝200円（①）－10円（②）＝190円

諸負債＝17,900円＋6,150円＝24,050円

買掛金＝9,000円＋2,500円－1,000円（⑤）＝10,500円

4　連結精算表

　親会社と子会社の個別財務諸表を合算し，連結修正仕訳を行って連結財務諸表を作成するプロセスを1枚の表にまとめたものを**連結精算表**という。

　連結精算表の作成手順は，以下のとおりである。

① 個別財務諸表の欄に，親会社・子会社の貸借対照表，損益計算書，株主資本等変動計算書の金額を記入する。

② 修正・消去の欄に，開始仕訳と連結修正仕訳を記入する。

③ 個別財務諸表の金額を合算し，これに修正・消去欄に記入された金額を加減（個別財務諸表の金額と修正・消去欄の金額が同じ側にあれば加算，反対側にあれば減算）して連結損益計算書を完成させ，「親会社株主に帰属する当期純利益」を連結株主資本等変動計算書の「親会社株主に帰属する当期純利益」の行に書き移す。

④ 連結株主資本等変動計算書を完成させ，「資本金当期末残高」「利益剰余金当期末残高」「非支配株主持分当期末残高」を連結貸借対照表の「資本金」「利益剰余金」「非支配株主持分」の行に書き移す。

⑤ 連結貸借対照表を完成させる。資産合計と負債・純資産合計が一致することを確認する。

問題17 226頁問題16の資料に基づき，連結精算表を作成しなさい。

解　答

連結精算表

勘定科目	個別財務諸表		修正・消去		連結財務諸表
	P社	S社	借方	貸方	
貸　借　対　照　表					
諸　　資　　産	35,240	11,560			46,800
売　　掛　　金	12,000	3,000		1,000	14,000
貸　倒　引　当　金	(240)	(60)	20		(280)
商　　　　　品	1,000	500		60	1,440
子　会　社　株　式	5,000	−		5,000	
の　　れ　　ん			200	10	190
資　産　合　計	53,000	15,000	220	6,070	62,150
諸　　負　　債	(17,900)	(6,150)			(24,050)
買　　掛　　金	(9,000)	(2,500)	1,000		(10,500)
資　　本　　金	(22,000)	(5,000)	5,000		(22,000)
利　益　剰　余　金	(4,100)	(1,350)	5,190	4,070	(4,330)
非　支　配　株　主　持　分			90	1,360	(1,270)
負債・純資産合計	(53,000)	(15,000)	11,280	5,430	(62,150)
損　益　計　算　書					
売　　上　　高	(40,000)	(12,000)	3,600		(48,400)
売　　上　　原　　価	31,000	9,500	60	3,600	36,960
販売費及び一般管理費	6,000	1,200	10	20	7,190
営　業　外　収　益	(1,000)	−	360		(640)
営　業　外　費　用	2,000	500			2,500
当　期　純　利　益	(2,000)	(800)	4,030	3,620	(2,390)
非支配株主に帰属する当期純利益			160		160
親会社株主に帰属する当期純利益			4,190	3,620	(2,230)

株主資本等変動計算書

資本金当期首残高	(22,000)	(5,000)	5,000		(22,000)
資本金当期末残高	(22,000)	(5,000)	5,000		(22,000)
利益剰余金当期首残高	(3,000)	(1,000)	1,000		(3,000)
剰 余 金 の 配 当	900	450		450	900
親会社株主に帰属する当期純利益	(2,000)	(800)	4,190	3,620	(2,230)
利益剰余金当期末残高	(4,100)	(1,350)	5,190	4,070	(4,330)
非支配株主持分当期首残高				1,200	(1,200)
非支配株主持分当期変動額			90	160	(70)
非支配株主持分当期末残高			90	1,360	(1,270)

注：（　　　）は貸方金額を示している。

索　引

234

さ行

や行

ら行

わ行

《著者紹介》

清村 英之（きよむら　ひでゆき）

[略　　歴]
　1963年　沖縄県那覇市に生まれる
　1987年　日本大学商学部卒業
　1993年　成蹊大学大学院経営学研究科博士後期課程単位取得満期退学
　1993年　北海学園北見大学商学部専任講師
　1998年　北海学園北見大学商学部助教授
　2001年　沖縄国際大学商経学部助教授
　2003年　沖縄国際大学商経学部教授
　2004年　沖縄国際大学産業情報学部教授（現在に至る）

[主要著書]
　単著
　『詳説現代簿記』税務経理協会，2004年
　『英文会計が基礎からわかる本（第2版）』同文舘出版，2019年
　分担執筆・項目執筆
　『会計学大辞典（第5版）』中央経済社，2007年
　『財務会計の基礎理論と展開（第2版）』同文舘出版，2014年
　『全経簿記上級 商業簿記・会計学テキスト（第6版）』中央経済社，2017年
　　　　　　　　　　　　　　　　　　　　　　　　　　　　　　　他多数

2011年9月30日	初　版　発　行
2016年3月30日	初版2刷発行
2016年12月20日	第　2　版　発　行
2018年1月18日	第2版2刷発行
2019年1月10日	第　3　版　発　行
2022年3月15日	第3版5刷発行
2022年8月30日	第　4　版　発　行
2024年3月10日	第4版2刷発行

略称：清村簿記（4）

簿記が基礎からわかる本（第4版）
―中級レベルまで―

著　者	清　村　英　之
発行者	中　島　豊　彦

発行所　同文舘出版株式会社

東京都千代田区神田神保町1-41　　　　　　　　〒101-0051
電話　営業(03) 3294-1801　　　　　　　編集(03) 3294-1803
振替 00100-8-42935　　　　　　　　　　https://www.dobunkan.co.jp

©H.KIYOMURA　　　　　　　　　　　　　　製版：一企画
Printed in Japan 2022　　　　　　　　　印刷・製本：萩原印刷
　　　　　　　　　　　　　　　　　　　　　装丁：㈱オセロ

ISBN978-4-495-19634-9